慶應義塾大学出版会

🌸 目次

凡　例

　この本には多数の人名，地名，事項名が出てくるが，よく知られ
たものを除き初出の場合，原則として現地語のラテン文字転写およ
びカナ表記の両方を示し，二度目以降はカナ表記だけとした。いず
れの場合も転写，表記の方式は，『新イスラム事典』（平凡社，2002
年）の方式を踏襲した。なお，トルコ語とペルシア語でとくに注意
すべき点は次の通りである。

トルコ語
① ラテン文字表記は，現代トルコ語の表記法に従う。
②カナ表記は原則として現代トルコ語の発音に従い，特殊文字は日
　本語の次の音で表記した。
　　c　ジュ音，ç　チュ音，ş　シュ音，ı（点なしアイ）　ウ，
　　ö　オ　　，ü　ユ

ペルシア語
①ラテン文字転写およびカナ表記については th, ḥ, kh のようにア
　ラビア語の方式にならった。
②母音は a, e, o, i（y の前のみ），長母音は ā, ī, ū，二重母音は
　ey, ow と転写した。

* 序章 *

イスタンブルに
民族の問題を見る

　イスタンブルは，古来，文明の十字路として知られ
る。ギリシア，ローマ・ビザンツ，オスマン・トルコの
時代を通じてさまざまな民族が往き来し，それによって
この町は異なる文化が複雑に交じりあうコスモポリタン
な都市として繁栄してきた。イスタンブルがもつこの国
際性は，現代においてもなお人びとを惹きつけてやま
ず，この町はトルコのみならず，周辺の国々から来る人
びとで溢れかえっている。

コスモポリタンな国際都市イスタンブル

イスタンブルという都市は，それが占める地政学的な位置から古来さまざまな言葉，文化，宗教を背負う多様な民族がゆきかう町である。シルクロードに沿ってアジアの奥深く中央アジア方面からイラン，アナトリアを通って西をめざす人びとは，この町に足を印してから陸路バルカン方面へ，海路エーゲ海・地中海方面へと抜けていった。他方，ヨーロッパ方面から東へと向かおうとする人たちは，この町を中継地としてその逆のコースを辿ってさらに東をめざす一方，ボスポラス海峡を北に遡って黒海に入り，ウクライナ，ロシア方面へ，そしてザカフカス（コーカサス山脈の南に広がる地域）方面へと踏み入っていった。

このようにギリシア・ローマの時代からオスマン帝国，そして現在のトルコ共和国の時に至るまで絶えることなく続けられてきた人の往来によって，イスタンブルは多民族，多宗派の人たちが交わるコスモポリタンな国際都市，国という枠を超えた周辺の広域的な世界全体の中心という位置を占めつづけてきた。こうしたイスタンブルの類まれなるマルチナショナルな性格は，オスマン帝国が滅亡しトルコ共和国が建国されていく過程でトルコ人としての民族意識が過剰なまでに鼓舞され，ナショナリズムが高揚していくなかで一時的に退潮を余儀なくされることもなかったわけではないが，依然として鞏固なかたちで保持されている。

イスタンブルに住む人びとの多くは，さまざまな民族と宗教が交錯することによって生じる軋轢と衝突の怖さを誰よりも知り尽くした人たちである。排他的で偏狭なナショナリズムはイスタンブルという国際都市に似つかわしくなく，敬して遠ざけなければいけないと考え，この町を訪れる人たちを寛大に受け入れてきた。こうした思いはイスタンブルの人びとの間に今でも脈々と生き続けていて，これに押されるようにしてこの町をめざして来る人の流れは止まることなく続いている。

イスタンブルに押し寄せるイラン人

1970年代末頃からイスタンブルの町に観光客とは違う外国人の姿が目立つようになってきた。1979年のイラン・イスラーム革命後，その体制を嫌う亡命者や働き口を探す人の群れが東から国境を越えイスタンブルに押し寄せてくるようになった。同じ頃，日本でも滞在期間を超えて不法に就労するイラン人のことが社会問題になったことがあるが，トルコのそれは日本とはくらべものにならないほどはるかに深刻であった。

イラン人にとってトルコは日本と違い，すぐ西にある陸続きの隣国である。その気になればいとも簡単に行くことができる。イラン人の不法滞在に手を焼いた日本は，1992年4月からその入国を厳しく制限するようになった。しかし，トルコはイランとの関係が決定的に悪くなることを恐れ，ビザ発行で優遇措置を講じることによって滞在条件をゆるくしている数少ない国である。

この結果，イスタンブルのイラン人滞在者の数は雪だるまのように増え続けた。その数がどれくらいなのか正確には分からないが，20万人という誇張した数字を挙げる人もいる。旧市街の一角として知られるラーレリ Lareli やアクサライ Aksaray に行ってみると，このあたりがさながらイラン人街に変わってしまっていることに驚かされるにちがいない。また，生活に追われたイラン人が，仕事をめぐってトルコ人とトラブルを起こしたりしており，イラン人問題はイスタンブルがかかえる大きな悩みとなっている。

社会主義体制崩壊の余波

1989年の東欧革命の嵐，1991年のユーゴスラヴィアとソ連邦の解体もこれらの地域からイスタンブルをめざす人びとの数を一挙に増やした。イスタンブルの旧市街，ヨーロッパ側の地区でもっとも人が集まるところとして知られる通称グランド・バザール，トルコ語でカパルチャルシュ Kapalı Çarşı

△イスタンブルで買い出しをするロシア
　人

◁イスタンブルのバザール

と呼ばれるあたりに行ってみるがいい。旧ユーゴスラヴィア，とくに北マケ
ドニア共和国からバスを連ねてやってくる人びとが，自分の国から持ってき
た売り物になると思われるものをあちこちで売り歩く姿を目にすることがで
きる。

　彼らのもくろみは自分たちの持ってきたものを売ってバザールで皮のジャ
ンパー，セーター，ズボン，衣服類などを安く仕入れ，国に帰ってそれを何
倍もの値段で売りさばき，一儲けしようというのである。社会主義の壁があ
った時代には考えられもしなかった光景である。人びとの自由な移動，それ
にともなう商売がらみの素朴なモノの移動が大手を振って闊歩しているのが
イスタンブルと言えるだろう。

　フェリーでアジア側に渡っても同じような光景に出くわす。シルケジ

4

Sirkeci の鉄道駅に近いエミノニュ Eminönü の波止場から船で約 30 分，対岸のハーレム Harem の埠頭に降り立つと，夏ともなればすぐ近くの坂道付近に市が立つ。そこにルーマニア人と思われる人たちがやってくる。刺繍やありふれた日用品をかかえた彼らを囲んでトルコ人がさかんに値段の交渉をしている。通訳はいない。しかし，難しいことはまったく必要なく，筆談で値段のやりとりをし，それですべて片付いてしまうのがこうした商売の特徴である。

1991 年のソ連邦崩壊は，こうした動きにさらに拍車をかけた。週に何回か黒海北岸の港オデッサ Odessa から来る定期船がイスタンブルの港に錨を下ろすと，たくさんのロシア人，ウクライナ人が吐き出されてくる。彼らもバルカンの人びとと同じように商売を目当てに来ている場合が多い。

こうした人の群れは海路からに限らない。ザカフカス Zakafkas（コーカサス Caucasus 山脈の南に広がる地方）とトルコとのあいだの国境が開かれるにともない陸路でトルコに入るロシア人，ジョージア人，アゼルバイジャン人の往来も急増した。国境では入国検査を待つ車が長蛇の列をなしている。

こうしたにわか商人のために大きな常設のバザールがつくられた黒海東南の町トラブゾン Trabzon で，次のような話がまことしやかに囁かれている。それは，人の往来がさかんになるにつれて，道ゆく男女のなかに旧ソ連邦から来た人とトルコ人とのカップルが目立つようになってきたという噂である。真偽のほどは定かでないが，人の往来がさかんになれば，こうした交流がでてくるのも道理というものだろう。

経済の要となるイスタンブル

イスタンブルに集まってくるこれらの人の群れから分かることは，この町がトルコ周辺にある国々の経済・市場圏の中心になりつつあるということである。

オスマン帝国の時代，イスタンブルはアナトリア Anatolia（現在のトルコ共和国のアジア側の地域），バルカン Balkan，アラブ諸地域を包含する帝国領土の首都であったのみならず，地中海，エーゲ海，黒海に沿った諸地域，さらにはイランをも引きこむ広大な世界の要の位置を占めていたが，かつての輝きと役割が少なくとも経済的にはイスタンブルの町に戻ってきているように見える。

イスタンブルに収斂する経済・市場圏がこれからどういう性格のものになっていくのか，なお流動的だが，これをつくり出す原動力になっているのは後ろ盾にしてきた体制に見はなされ，路頭に放り出されたごくふつうの，しかし時代の動きに敏感な庶民である。彼らはおのれの才覚だけをたよりに生活の糧を得ようと必死にもがき，イスタンブルとのあいだを往来しながら今まで往き来が途絶えていた中東イスーラム世界と旧社会主義圏とにまたがる経済・市場圏をなかば無意識のうちにつくり出そうとしているのである。

こうした動きの後を追うように経済共同体をつくっていこうとする努力も国家レベルでおこなわれている。トルコの音頭とりで1992年に結成された黒海経済協力機構（Organization of Black Sea Economic Cooperation，略称 BSEC）がそれである。発足当初の加盟国はトルコ以外にバルカンからはアルバニア Albania，ブルガリア Bulgaria，ギリシア Greece，ルーマニア Rumania，モルドヴァ Moldova の5ヵ国，スラヴ圏からはウクライナ Ukraine，ロシアの2ヵ国，ザカフカスからはジョージア Georgia，アゼルバイジャン Azerbaijan，アルメニア Armenia の3ヵ国，合わせて11ヵ国であったが，その後，北マケドニア North Macedonia，セルビア Serbia が加盟して全部で13ヵ国となっている。これが軌道にのるとイスタンブルは，今後，ますます地中海，エーゲ海，黒海に沿った広域経済圏の文字どおり要になっていくにちがいない。

形成途上にあるこの黒海経済協力機構は，さらに枠を広げて発展する可能性をはらんでいる。中東イスラーム世界のなかでトルコと同様，ソ連邦の崩壊によって大きな影響をこうむったイランは，1992年独自にアゼルバイジ

ャン，カザフスタン，トルクメニスタン，ロシアに呼びかけカスピ海経済協力機構なるものを結成したが，トルコはこれと黒海経済協力機構を部分的に重ね合わせてさらに広域の経済共同体をつくろうと考えている。

経済協力機構（ECO: Economic Cooperation Organization）と呼ばれるものがそれだが，トルコ，アゼルバイジャン，イラン，中央アジア諸国（カザフスタン，キルギスタン，ウズベキスタン，トルクメニスタン，タジキスタン），そしてパキスタン，アフガニスタンを加盟国とするこのECOが順調に機能していくことになれば，周辺地域に対するトルコの経済的影響力は飛躍的に高まっていくはずである。

留学生を通じた交流の拡大

経済的のみならず文化的にも新しい関係がトルコと周辺諸国とのあいだに生まれ，強化されようとした。これを象徴的に物語るのが航空路の開設である。かつてアゼルバイジャン，中央アジアからイスタンブルに来るのは並大抵のことではなかった。出国自体が厳しく制限され，かりに許可がおりてもトルコに直接行ける航空路がなかったからである。このため一度，モスクワに出て飛行機を乗り継ぎ迂回して行くしか方法がなかった。

しかし，ソ連邦崩壊とともにモスクワに一極集中していた従来の航空ネットワークが壊れ，独立を果たした国々は独自に航空路を開くようになった。この結果，経済，文化，政治の交流を求める人びとがバクー Baku（アゼルバイジャン），タシュケント Tashkent（ウズベキスタン），アルマトゥ Al-matı（カザフスタン）などから堰を切ったようにイスタンブルに出かけてくるようになったのである。

人の移動のなかで目立つのは，留学生が多数，トルコに来るようになったことである。トルコ政府はこれら留学生の受け入れ計画を掲げ，若い世代の教育を通じて交流をさかんにしようとしている。

トルコ共和国で使われている言葉であるトルコ語は，ザカフカス，中央ア

ジアでそれぞれ使われているアゼルバイジャン語，トルクメン語，ウズベク語，カザフ語，キルギス語と言語系統が同じ言葉である。言語学者はこれらの言葉をアルタイ語族のなかのトルコ系諸語群として分類している。

　この言葉の近さと文化の類似性を通じてトルコ系諸国間の文化交流の拡大をはかり，さらに経済的，政治的にも関係を強化していこうというのがトルコ政府のもくろみである。こうした動きはふつうパン・トルコ主義と呼ばれているが，かつて第一次世界大戦前後の頃にさかんであったこうした潮流が，再びよみがえろうとしているのである。

ボスニアを助けるトルコ

　言語はまったく異なるが，ボスニア・ヘルツェゴヴィナ（以下，ボスニアと略記）のイスラーム教徒（ムスリム muslim）もトルコにとっては大事な同胞だと考えられている。ボスニアは，1992年に内戦がはじまる前までユーゴスラヴィアを構成する共和国の一つであった。しかし，それより前，15世紀後半から19世紀後半までの長い時代にわたりオスマン帝国の統治下にあった。

　オスマン帝国の長い支配を受けるあいだに多くの南スラヴ系キリスト教徒がイスラームに改宗し，今の「モスレム人」（ボスニアに住むムスリム）のもとになるような集団が生まれてきた。彼らはオスマン帝国の支配下で南スラヴ系のセルビア正教徒，カソリック教徒とは別の宗教共同体（ミッレトmillet）をつくり，それぞれの共同体の自主性を尊重しながらボスニアという地域のなかで共存して暮らしてきた。

　しかし，オスマン帝国の支配が崩れ，第一次世界大戦の混沌とした時代に突入すると，ボスニアにユーゴスラヴィア主義（南スラヴ地域主義）の影響が強まった。これは宗教的な違いによって人を区別していくのではなく，セルボ＝クロアティア語 Servo-Croatian という南スラヴの人びとが使う言語の共通性に着目してボスニアを含めたセルビア，クロアティア，スロヴェニ

ア，モンテネグロなど南スラヴの人びとが住む地域に一つの連邦国家をつくっていこうとする運動であった。

　イスラーム教徒も否応なくこのナショナリズムの流れに巻きこまれ，第一次世界大戦後，ユーゴスラヴィア王国の一員になった。そして，第二次世界大戦が終わると，ナチスに対するパルチザン闘争のなかから政権を獲得したチトーの社会主義体制に組みこまれていった。しかし，ユーゴスラヴィア独自の自主管理にもとづく経済体制が破綻すると，連邦体制も崩壊し，各地域で南スラヴという枠組みを壊すような民族問題が噴出した。ボスニアも例外でなく，むしろもっとも激しく矛盾が露呈する形でイスラーム教徒，セルビア人，クロアティア人のあいだで三つどもえの内戦が勃発した。

　この過程でイスラーム教徒は戦局を有利に展開させていくためにイスラーム諸国，とりわけ旧宗主国であったオスマン帝国の後を引き継いだトルコからの援助を期待し，東方への回帰を強めて関係強化に乗り出したのである。

　このことを端的に示すのは1994年2月におけるトルコはじめての女性首相チルレル Çiller（在任 1993−96）のボスニアの首都サラエヴォ Sarajevo 訪問であった。彼女は同じイスラーム国家パキスタンの女性首相ブット Bhutto（在任 1988−90, 93−96）と連れだってセルビア人武装勢力の包囲によって孤立するサラエヴォに防弾チョッキをつけて乗りこみ，イスラーム教

トルコ初の女性首相チルレル

徒の指導者イッゼトベコヴィッチ Izzetvekoviç と会談，政治的，文化的支援を約束した。

　トルコは具体的な支援の一つとしてヘルツェゴヴィナ地方の中心都市モスタル Mostar にあるオスマン帝国時代に建設された由緒ある橋の修復に資金を拠出すると言明した。内戦で無残にも破壊されたこの橋の修復をめぐる問題からイスラームを絆とするボスニアとトルコとのあいだの関係強化の側面を読みとることができるだろう。

シリアからの難民問題

　2010 年末チュニジアで民主化を掲げる大規模な反政府デモ，ジャスミン革命が起こされると，その反体制運動のうねりはアラブ世界の各地に波及し，「アラブの春」と謳われる変革の嵐が燎原の火のごとく広がっていった。しかし，アサド大統領率いるバース党による一党独裁体制が続いてきたシリアでは，2011 年 4 月から政府側と反体制派との衝突が激化し，さらにトルコとの国境地域に居住し独立をめざすクルド人勢力をも巻きこんで三つ巴の内戦に発展，深刻な国内分断の状況を招いた。

　内戦による戦闘で甚大な被害を蒙ったシリアの人たちは，難を避けて国外に逃れ，その多くが北にある国境を越えて陸路トルコに入った。シリアの総人口は約 2200 万人，そのうち国外へ避難した人たちは約 1300 万人の多きに達すると推定されるが，トルコに移住するようになったシリア難民の数は，2020 年の時点でその 4 分の 1 に相当する約 360 万人にものぼるといわれる。シリアは 16 世紀はじめオスマン帝国に征服され，1923 年にこれが滅亡してトルコ共和国が成立するまでその支配下にあり，同じ政治・社会体制，文化を共有してきたのみならず，国境を挟んで隣接するアナトリアの諸地域とはもともと生態環境という点でもよく似ていた。こうしたことが一因となってシリアからトルコへの大量の難民の流入という事態を引き起こしたのである。

　トルコに難を避けたシリア難民はトルコ全土に広がって生活しているが，

そのなかでもっとも多く居住するのは，最大の都市イスタンブルである。ここに移ってきたシリア難民は，この地を中継地としてさらに国境を越えてギリシアに入り，EU各国への移動をめざそうとするが，その多くはギリシア政府に行く手を阻まれ，やむなくイスタンブルに留まり，生活することを余儀なくされているというのが実情である。これによって雪だるまのように膨れ，増加するシリアからの難民とイスタンブルの住民とのあいだでさまざまなトラブルが頻発し，仕事をめぐる争いも起きている。こうしたシリア難民をめぐる問題がイスタンブルの抱える深刻な民族問題となって立ち現れているのである。

二つの顔を見せる民族問題

トルコという国は，このように好むと好まざるとにかかわらず周辺諸国を揺るがし続ける社会的な地殻変動によってのっぴきならぬ影響を受けている。このことはとくに民族の問題，ナショナリズムにおいて顕著である。

1991年以来，トルコ周辺の世界で同時多発的に起きている民族の問題は，次のような二つの顔をみせながら展開していると言えるだろう。

第一は，これまで同じ国をつくり，たがいに共存してきた複数の民族が対立，憎悪を深め，ついには殺戮し合うような分離的，遠心的な傾向をもつ民族の問題である。ソ連邦やユーゴスラヴィアを構成していた各共和国の分離独立，さらに独立前後の時期にそれぞれの共和国内で起きた民族間の紛争がこれにあたる。

中央アジア，アゼルバイジャンなどのトルコ系諸国のソ連邦からの独立，さらに独立を果たしたアゼルバイジャン共和国内でのアゼルバイジャン人と少数民族アルメニア人とのあいだでのナゴルノ＝カラバフ Nagorno-Kara-bakh をめぐる紛争，ボスニア内戦などもその典型的な例として挙げられる。

今までソ連邦，ユーゴスラヴィアに住む人びとは「ソヴィエト国民」とか「ユーゴスラヴィア国民」とかいうように，民族を越えた国民意識をもつよ

う期待されてきた。しかし，現実の政治体制，経済システムは少数民族には必ずしも有利に働いてこなかった。

その不満が社会主義体制以前からあった境界紛争，民族間の反目となって現れ，諸民族の共存をめざしてきたはずの連邦というシステムを一挙に壊してしまった。さまざまなレベルと規模で新たに帰属意識（アイデンティティ）を強めた民族が各自の思惑で新しい秩序をさぐりながら相争っているのがこの第一の問題だと言えるだろう。

これに対して民族の問題をイスタンブルから，あるいはトルコとの関係で見直してみると，以上のような分離的，遠心的な現象とは対極に第二の局面があることに気づく。

それは従来，違った集団として意識し，国も異にしてきた人びとが，地理的な近さ，経済協力の可能性，言語，宗教，文化，歴史などの共通性をてこにしながらたがいに絆を強め，関係を緊密にしていこうとする統合的，求心的な傾向である。

一つの国，一つの民族を超え，広い範囲にわたって民族間の関係を横断的につくり出そうとする意味でこれは広域ナショナリズムと呼ぶことができる。ザカフカスのアゼルバイジャン人や中央アジアのトルクメン人，ウズベク人，カザフ人，キルギス人などがトルコに接近したり，内戦で苦しんできたボスニアのイスラーム教徒が同じくトルコに援助を求めたりしていることなどがこれにあたる。

このような広域ナショナリズムは，それぞれパン・トルコ主義，パン・イスラーム主義的傾向をもつ動きと呼ばれるものであるが，注意しなければいけないのは，それらが決して第一の狭く，排外的なナショナリズムとはじき合わず，相互に補完し合いながら動いているということである。旧ソ連邦のトルコ系諸国は，自らの民族主義を強固にしていくためトルコ系諸民族同士の横のつながりを求め，それがパン・トルコ主義的な動きとなって現れてきているのである。

ラブコールを送られているトルコでも事情は同じである。トルコは，1923

年の建国以来，今日に至るまでトルコ民族主義をもっとも重要な理念にしてきたが，1990年代に入ってからとみに激しさを増すクルド人 Kurd の分離独立運動によって足元を揺さぶられている。このような分離的，遠心的なサブ・ナショナリズムに脅かされるトルコにとって，統合的，求心的なパン・トルコ主義は，国を引き締めるカンフル剤として願ってもない処方薬になっていると言えるだろう。

トルコをキーワードにして見る民族

　以下においてはこのような二つの顔をもつ民族の問題，広狭のナショナリズムをトルコという言葉をキーワードにして考えていくことにしたい。

　ここでトルコというのは，誤解が生じないように言っておくと，トルコという国，一つの民族としてのトルコ人に狭く限定するものではない。もっと広くアゼルバイジャン，中央アジアに住むトルコ系の諸民族を含めてそれぞれのトルコ民族主義の特徴，また，それら複数のトルコ民族主義が手をつなぐパン・トルコ主義の思想と行動についてみていくのがここでのねらいである。

　といっても本書は，今現在，トルコからアゼルバイジャン，中央アジアにかけて起きている民族の問題，ナショナリズムの現状とその行方を政治的な手法，国際関係論の視点から追っていこうとするものではない。こうした視点で書かれた本は，最近ではかなり多く出版されている。このため，ここでは今まで比較的手薄であった広狭の民族の問題，ナショナリズムの背景について過去にさかのぼり，歴史的な分析を通してみていくことにしたい。

　民族の問題，ナショナリズムというのは一朝一夕にして出てくるものでなく，長い時間をかけた民族間の摩擦，対抗関係のなかから生じてくるものである。だとするならば，このような有為転変の時間の流れに棹さされながら変遷を重ねてきたこのような民族間の関係，他者との関係をできるだけ長い時間の幅をとってみていくことが必要である。

また，トルコ系諸民族それぞれのナショナリズム，パン・トルコ主義，そしてナゴルノ＝カラバフをめぐるアゼルバイジャン＝アルメニア紛争のような民族間紛争は，この現代になってはじめて出てきたものではない。その根はもっと深く，少なくとも19世紀のオスマン帝国，帝政ロシアの時代にまでさかのぼれる。こうした面にとくに注目しながら民族の問題，ナショナリズムを歴史の流れのなかでとらえていくことにしたい。

　ところで，民族の問題，ナショナリズムを理解していくうえでもっとも大事な民族間の関係をつきつめていくと，民族の成り立ちや形成について分かっていなければ何も言えないということが出てくる。このため，扱う時代をさらに近代以前の古い時代にまでさかのぼらせてトルコ系諸民族の起源問題，民族移動にともなう中央アジアからイラン，ザカフカス，アナトリアにかけての地域でどのようにしてトルコ系諸民族が形成されてきたのか，文化史の観点から述べていくことにしたい。

　そもそも民族なるものは，言語，宗教，文化，歴史などの要素が気の遠くなるような時間をかけて複雑に絡み合って形成されてくる人間の集団であ

COLUMN
トルコ系諸民族はどの程度，意思の疎通が可能か？

　　英語，ドイツ語，フランス語，イタリア語，スペイン語は，起源的には同じヨーロッパ語族に属すが，たがいに会話することはかなり難しい。これに対してトルコ系の諸語は，地理的にはヨーロッパ系のそれとはくらべものにならないほど広く分布するにもかかわらず，文法の骨格が大きく違わないため意思の疎通が比較的容易である。あるトルコ人によると，アゼルバイジャン語は何の予備知識がなくともほとんど分かるという。これより東，中央アジアのウズベク語だと60%，もっと離れた中国・新疆ウイグル自治区のウイグル語になるとその理解度はさらに落ちるが，それでも時間が経つとたがいに何とか話ができるようになるという。

る。それが存在として姿を現すのは，人びとのあいだに過去の記憶として蓄積されてきたそれらの要素があるとき，状況に応じて選択的に切り取られ，集団としての心性，帰属意識が強まるときである。

このように民族が形成されてくる過程は，長い時間と複雑なメカニズムを要するのがふつうであるが，これを知るには通りいっぺんの分析では駄目で，文化というものを見すえた歴史的な見方をしていくことが何としても必要である。

トルコ民族史観の独善性を排す

現在，ユーラシアに広く分布するトルコ系諸民族の多くは，もともとモンゴル高原のあたりにいた騎馬遊牧民の子孫である。東から西へのシルクロードに沿った民族移動によって中央アジアからバルカンにかけての地域にいた先住民と混淆をかさねながら今のキルギス人，カザフ人，ウズベク人，トルクメン人，アゼルバイジャン人，トルコ人などがつくり出されてきた。またユーラシアの北方地域を横断するステップルート（草原の道）を通ってウラル・ヴォルガ地方，さらに黒海北岸のクリミア半島を含むロシア南部からウクライナにかけて広がる草原地帯に移動していった遊牧民の子孫は，ヴォルガ・タタール，クリミア・タタール，バシキールと呼ばれるトルコ系の民族集団をつくり出していった。

本書ではこれらのうち中央アジア，アゼルバイジャン，アナトリアという三つの地域に入っていったトルコ系諸民族にもっぱら的をしぼりながら，まず近代以前における民族の形成史，次いで近代以降におけるトルコ民族主義の各地域における諸相，パン・トルコ主義的な動きについてみていくことにしたい。

こうしたトルコ系諸民族の移動を横糸にして，彼らが移り住んでいった先々で出会った先住民との時間的，空間的な関係をダイナミックにつなぎ研究していく分野は，ふつうトルコ民族史という名前で呼ばれている。その魅

力は，トルコ系諸民族が関係したユーラシアの諸地域をグローバルな視点から見渡していけることにある。このトルコ民族史という枠組みは，民族の問題を歴史的にみていく場合にも大いに役立つと思われる。

民族の問題の分析は，ともすれば各地域における分離的，遠心的なそれに埋もれてしまいがちである。しかし，トルコ民族史というキーワードを設けると，各地域の問題を関係づけたり，比較していくことができ，またパン・トルコ主義のような横のつながりをもつ統合的，求心的な民族間の関係にも目配りしていけるというメリットが出てくる。

しかしながら，トルコ民族史という学問分野は，今言ったようなばら色の面だけをもっているわけでは決してない。この分野にもっとも力を入れ，水準も高いのはトルコ共和国である。だが，そこでのトルコ民族史のあり方で問題なのは，イデオロギー，国粋主義，独善性があまりにも強く出すぎていることである。

その歴史叙述は，ふつう，トルコ系諸民族のルーツにはじまり，中央アジア，イラン，ザカフカスへの民族の移動を述べつつ，アナトリアに入ってからのセルジューク朝とオスマン帝国の建設，そして最後にトルコ共和国の建国へと収束していく形で組み立てられている。

その底に流れる精神は，トルコ系諸民族が果たしてきた役割を高らかに謳いあげながら現在のトルコ人に自信と誇りを与え，共和国の国民としてのアイデンティティを強めていこうとするところにあるように見える。

これは，ある意味でトルコ共和国の成り立ちや国是を考えると致し方ないとも言える。だが，歴史を公平な目で見ると，残念ながらトルコ系の諸民族と関わってきた他の民族のことが過小評価され，ないがしろにされてきた面も少なくなかったように思われる。

以下においてはこうしたトルコ民族の至上主義，中心史観に毒されず，歴史的に形成されてきた客観的な民族間の関係をおさえながら，トルコ民族とは何か，ユーラシア各地におけるさまざまなトルコ民族主義の諸相について考えていくことにしたい。

民族問題を解く鍵

　民族の問題・紛争とは，長い歴史のなかでたがいに隣り合って住んできた人びとが近代以降，文化的，政治的に民族としての集団意識を強め，反目しはじめることから起こされる。その原因を知るには現状分析だけでは不十分で，対立の裏にひそむ歴史を見ていくことが重要である。移動先でのトルコ系諸民族と先住民の関係をさぐることは，各地で起きている民族問題・紛争をばらばらではなく有機的に理解する鍵である。

✳ 第I章 ✳

トルコ民族とは何か

　四方を海で囲まれた狭い列島に住む日本人には民族という概念は，あまりピンとこない。単一民族であると信じて疑わず，それ自体に疑いを差しはさむことがほとんどなかったからである。これに対して長い時間をかけて移動を繰り返し，さまざまな先住民と交じり合いながらユーラシア大陸一帯に住みつくようになったトルコ系の人びとにとって自分たちが何者なのか，それを見きわめるのは簡単ではない。民族形成のプロセスが複雑なだけにその概念も多様である。

二重の意味をもつトルコという言葉

はじめにこれから先，トルコ民族とかトルコ系の人たち，トルコ人という形でたびたび出てくるトルコという言葉の概念について改めて説明しておこう。

ふつう，トルコと言われると大体の人がアジアのいちばん西，アナトリアと呼ばれる地域を中心に国をつくっているトルコ共和国のことを頭に思い浮かべ，そこに住んでいる人たちをトルコ人だと考えるはずである。これは確かにそのとおりでいささかも間違っていない。しかし，ここでは序章でも指摘したようにトルコという言葉をもう少し広い意味で使っていくことにしたい。

トルコとは，日本で古くから慣用的に使われてきた訳語で，もとの正しい綴りはテュルク Türk である。現在，トルコ共和国に住んでいる人たちは自分たちをテュルクと称し，国に対してはテュルキエ Türkiye という言葉を使っている。しかし，このテュルクという言葉はふつう，以上のような意味とは別にさらにもう少し幅の広い意味をもっている。

それは，アナトリアのトルコ人も含めて現在，ユーラシアの各地に広く分布し，生活している同じような人たちを総称していくときの使い方である。これらの人たちは，実際にはトルコ人，アゼルバイジャン人，トルクメン人，ウズベク人，カザフ人，キルギス人，ウィグル人など個別の集団名で呼ばれるが，総称していくときにはテュルクの名前があてられている。

しかし，日本ではこの広い意味で使われるテュルクという概念は残念ながらあまりなじみのあるものとは言えない。このため以下においては一部の例外を除き広い意味でテュルクという言葉を使っていくときには，なじみのあるトルコという言葉を前にかぶせてトルコ民族，トルコ系の人たちというように時と場合に応じて使い分けていくことにしたい。

このように広義にトルコ民族としてくくられる人たちの現在の分布は，付図Ⅰから分かるようにまことに広大である。広がりということでは，漢族

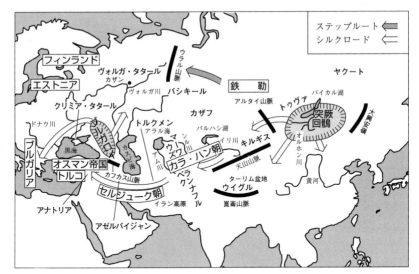

付図Ⅰ　トルコ系諸民族の移動と現在の分布

（華人）やアラブですら足元に及ばないくらい，その居住地はユーラシア一帯に及んでいる。

　そのおおよその人口は，彼らの主たる居住地域であるトルコ共和国で8300万人強，これにアゼルバイジャンと中央アジアにある5つの共和国，さらに中国・新疆ウィグル自治区に住むトルコ系の人びと，あわせて6000万人強と見積もられる人口を加えると，1億4000万人強にも達する。

　こうした分布は，もともとが騎馬遊牧民であった彼らが何度も繰り返しおこなってきた民族移動の結果できてきたものであるが，以下においてはトルコ民族とは何か，またトルコ民族という概念を使っていくことが果たして正しいのかどうかについて考えていくことにしよう。

トルコ民族の外貌は同じでない

　トルコ民族をその外見から特徴づけていくのはたいへん難しい。トルコ民

族と言われてすぐにピンとくるのは，実際に見たり付き合ったりしたことがあるかどうかは別にして，やはりアナトリアに住むトルコ人である。しかし，ちょっと見ただけで彼らをギリシア人や南スラヴ系のブルガリア人と区別できる人はよほどのトルコ通と言ってよいだろう。

　また，ユーラシアのはるか東の方，中国・新疆ウイグル自治区に住むウイグル人 Uyghur に目を向けると，漢族（華人）に風貌が似ている人もいるし，唐三彩の西域の胡人，胡姫の像に似たアーリア系，イラン系の子孫と見まちがうエキゾチックな面差しをした人びともいる。

　ウラル山脈の西南，ヴォルガ川中流域に住むタタール人 Tatar だとフィンランド人やロシア人に似ている人たちが多い。しかし，カザフ人，キルギス人となるとモンゴル人や日本人に瓜二つの顔つきをした人たちがたくさんいる。トルコ系だと言われて意外に思う人が多いかもしれないが東北シベリアに住むヤクート Yakut の場合，エスキモーと見分けがつけにくい。

　要するにトルコ民族といっても形質人類学，生物学の観点から見ていくと，その肉体的特徴に共通するものはほとんどないのである。もともとのトルコ民族（プロト・テュルク）は，モンゴロイド（蒙古人種）であったと言われている。しかし，歴史的に長い時間をかけておこなわれたユーラシア一帯への断続的な民族拡散の結果，コーカソイド（白人種）と混血し，頭型，毛髪，目，鼻，唇，体躯，皮膚の色において今見られるようなさまざまな集団を生み出してきた。

　コーカソイドというのは形質人類学的な分類である。これを言語にもとづいて細分していくと，イラン語派，スラヴ語派，ギリシア語派などに分かれる。トルコ系の人たちはこれらの人びとと混血し，また本来はモンゴロイド的な特徴を備えていたウラル（フィン＝ウゴル Fin-Ugor）語族の人びととも交じりながら多様な肉体的特徴をもつ民族を形成してきたと言うことができるだろう。

民族をくくる基準

　形質人類学上の特徴でくくれないとすると，トルコ民族とは一体，何なんだろうか。それを文化的な集団概念としてとらえていくべきだという考え方がある。しかし，民族であることを決めていく文化的要素，中身をめぐっては甲論乙駁があり，共通の合意があるわけではない。

　ある人はトルコ民族が昔から今に至るまで育んできた生活文化，習俗に着目する。とくに遊牧民としての伝統が民族としての共通性を生み出してきたと主張する。確かにこれにはもっともなところがある。歴史上，トルコ民族はユーラシアの草原を縦横に動き回った騎馬遊牧民としてよく知られるからである。しかし，遊牧文化だけでトルコ民族というものを十把ひとからげにくくってしまうのはあまりにも議論を単純化しすぎるというものだろう。

　トルコ民族が住む世界の生活形態，それに根ざした文化は，過去においても，また現在においても千差万別である。トルコ人やウイグル人のように大地を相手に額に汗しながらオアシスの農民として生きてきた者もあれば，ヴォルガ川中流域のタタール人，そしてイランからザカフカスにかけて住むアゼルバイジャン人のように商人として世の中を渡り歩いてきた人びともいる。

　これらの人たちはもともと遊牧民だったと見なすこともできるが，これには遊牧から定着へという一面的な図式が裏にひそんでいるようでにわかに受け入れがたい。トルコ民族と総称される人のなかには遊牧民に征服され，後からトルコ化されていった人たちもたくさんおり，もともと遊牧などやったことのない人がそれこそ数えきれないほどいるからである。遊牧文化だけでトルコ民族を規定していくわけにはいかない。

　これとは別にトルコ民族の世界を見渡してみると，宗教において共通したものがあることに気づく。ほとんどの人が熱心なイスラーム教徒であるということである。

　しかし，モンゴル高原とシベリアとの境界域で牧農生活を送っているトゥ

ーヴァ Tuva 人，バカス Hakas 人のようなもっとも古いトルコ系としての痕跡を現代に残していると言われる人たちの宗教は，古くはシャマニズム Shamanism という呪術宗教であり，今はラマ教である。また，歴史的には6～9世紀に黒海北方の草原地帯においてトルコ系の大帝国をつくったハザール Khazar という遊牧民は，ユダヤ教の熱心な信者であったことがよく知られている。

　こうしたことを考慮すると，イスラームという宗教だけを絶対的な基準にしてトルコ民族というものを考えていくことにもどうやら無理がありそうである。

COLUMN
ユダヤ教に改宗したハザール

　この忘れられた民の名は，カスピ海の名前にその痕跡をとどめている。ムスリムはこの湖を昔から「ハザールの海」と呼んできた。それはかつてこの湖の北，南ロシアの草原地帯にハザールの王国があり，その繁栄が湖の水運と貿易によって支えられていたからである。ハザールは，トルコ系諸民族の多くがイスラームに改宗したのに対し，ユダヤ教を受け入れた。ユダヤ人というと，ヨーロッパに移住したアシュケナージム，中東イスラーム世界のセファルディームがよく知られるが，ハザール以来の伝統を有する南ロシアのユダヤ人は，彼らに続く第三の集団として重要である。19世紀末，帝政ロシアの迫害を避けて多くの人がパレスティナに移住，イスラエル建国に大きな役割を果たした。

民族の鍵となる言語

　トルコ民族であることを決める文化的な要素が生活文化，習俗，宗教で十分でないとすると次に何が考えられるだろうか。

　近代になってから言語の共通性に着目してトルコ民族という文化的な集団をとらえていこうとする見方が有力になってきた。言葉はもっとも重要なコミュニケーション手段の一つである。方言による差異があるにもかかわらず，まがりなりにも言葉が通じ合うということは同族意識を強めていくものである。

　言語のこの機能に着目してユーラシアの各地に分布，居住している，言語系統を同じくするトルコ系の人たちを一つの民族としてとらえようとする考え方が出てきた。これには後でも触れるように民族の単位をどのようにとらえていくかによってさまざまな考え方があり対立もあったが，ユーラシアというもっとも大きな枠組みのなかでトルコ民族というものを構想していったのは，18世紀末以来，ヨーロッパ諸国でさかんになっていた比較言語学の素養を身につけたトルコ語学者たちであった。

　当時のヨーロッパは，国民国家の成立期にあたっており，ナショナリズムの熱気につつまれていた。それが言語，民族研究を刺激したのである。ヨーロッパの人たちがもっとも知りたがっていたのは，自分たちの言語の起源をさぐり，民族のルーツを明らかにしていくことだった。

　これからインド＝ヨーロッパ語族（印欧語族）の比較研究が発展をとげたことはよく知られている。この精神と方法論がトルコ系諸語の研究にも波及し，アルタイ Altai 語族のなかのトルコ系諸語グループを一つの民族としてとらえようとする考え方が出てきたのである。

　これにとくに熱心であったのは帝政ロシアのトルコ学者であった。周知のように帝政ロシアは，16世紀半ばから19世紀後半まで非常に長い時間をかけてヴォルガ川流域，シベリア，クリミア半島，アゼルバイジャン，中央アジアに住むトルコ系諸民族を順次，征服していったが，その植民地支配のた

めにこうした研究が必要であり，帝政ロシアは国家としてこれに保護を与えていったのである。

　当時の首都サンクト・ペテルブルクの大学は言うに及ばず，トルストイやレーニンが学んだことでも知られるヴォルガ川中流域の町カザン Kazan にある大学は，まさにこのようなトルコ研究の輝ける拠点であった。

　こうした語族という概念にもとづいたトルコ民族論が果たして妥当なものかどうか，また言語だけを基準にして民族というものを考えていくことがいいのかどうか，その検討は後ですることにして，しばらくは語族にもとづくトルコ民族論にとって核心をなす民族の起源問題，それに深く関連する民族の移動の問題について述べていくことにしよう。

オルホン碑文の発見

　言語学の観点からするヨーロッパ，帝政ロシアのトルコ学研究が隆盛に向かっているとき，ヘイケル Heikel という名の一人のフィンランド人がモンゴル高原へと旅立った。彼は，1890 年 5 月 15 日，帝政ロシアの首都サンクト・ペテルブルクを立ち，ウラル山脈を東に越えてシベリアへの旅を続けイルクーツク Irkutuk に達した。ここから方向を南に転じバイカル Baikal 湖

オルホン碑文
モンゴル高原・オルホン川畔で
1890 年フィンランドのヘイケル
によって発見された

①オルホン碑文の第一発見者・フィンランドの
　ヘイケル
②帝政ロシアのトルコ語学研究の泰斗ラドロフ
③オルホン碑文解読の栄誉に浴したデンマーク
　のトムセン
④『カレワラ』を編纂したフィンランドのリョ
　ンロート
⑤シベリアのトルコ系諸方言を調査したフィン
　ランドのカストレーン

を船で渡り8月16日，モンゴル高原北部にあるオルホン Orkhon 川畔に到
着した。

　ここでヘイケルは世界を驚かす発見をした。謎めいた文字で誌された三つ
の碑文を見つけたのである。こうした碑文があるらしいということは前から
噂になっていたが，彼はこれを聞きつけて矢も楯もたまらず現地におもむい
た。綿密な調査をおこない写真と拓本をとってヘルシンキに持ち帰った彼
は，1892年，未解読のままであったが資料を『オルホン碑文』の名で出
版，公開した。

　ヘイケルの帰国後，帝政ロシアのトルコ言語学研究の泰斗で『トルコ諸語
方言辞典』の編纂で名高いラドロフ Radlov（1837−1918）も碑文の重要性
に驚きオルホン川に調査におもむいた。碑文の解読をめぐってフィンランド
と帝政ロシアとのあいだで熾烈な先陣争いが繰り広げられた。しかし，1893
年，解読に成功し，その栄誉に輝いたのはフィンランドの学界とも関係の深
かったデンマークの言語学者トムセン Thomsen であった。

三つの碑文のうち二つはそれぞれビルゲ・カガン Bilge Kagan 碑文，キョル・テギン Köl Tegin 碑文と呼ばれているが，建立の時期はいずれも 730 年代であった。その後調査が進むと，これよりもっと古い碑文がモンゴル高原各地，南シベリアのイエニセイ Yenisei 川流域にもあることが分かってきた。

　バイン・ツォクト Bayn Zokt 碑文（725 年直後），チョイレン Çöiren 碑文（688－691 のあいだ）などがそれである。これらの碑文は内容からみるとオルホン碑文と同様，モンゴル高原にトルコ系として最初の遊牧帝国を打ち立てた突厥帝国（552－744）のものであった。これらは中興の祖たるクトゥルグ・カガン Qutluq Kagan，その子ビルゲ・カガン Bilge Kagan とキョル・テギン Kör Tegin，その他の功臣の事蹟を高らかに讃える顕彰碑であった。

　ソグド Soghd 文字に由来するルーン rune 文字で誌されたこれら突厥碑文の内容は情報量としては決して十分なものと言えない。しかし，碑文発見の最大の意義は，それが自らの言葉で記録を残すことの少なかったトルコ系遊牧民の言語資料のなかでもっとも古いものであったということである。語族の観点からトルコ民族とは何か，その起源問題に興味をもつ者は，確実な資料に拠ろうとするかぎりこれを避けて問題を論じられず，その意味で突厥碑文はトルコ言語史研究において画期的なものであった。

フィンランドの民族精神

　ところで，ヘイケルはなぜあれほどまでに碑文の調査に情熱を注いだのだろうか。何が彼を駆り立てたのか。これを理解するためにはフィンランドが 1809 年以来，帝政ロシアに征服された植民地であったという状況を考えておかなければならない。

　この帝政ロシアの支配をくつがえそうとする動きはフィンランドで早くからはじまっていた。それは政治的行動に訴えるというより，まずフィンランド固有の文化を見直し，民族としての自信と勇気を取り戻すというかたちを

とった。1828 年から 62 年にかけておこなわれた民俗学者リョンロート（ロ
ーンルート）Lönnrot（1802 – 84）による英雄叙事詩『カレワラ』の編纂，
これに霊感をえて『トゥオネラの白鳥』，『フィンランディア』，『カレリア組
曲』などの曲をつくったシベリウス（1865 – 1957）の音楽活動はその代表的
なものと言えるだろう。

　言語学者もこのように民族精神が高揚するなかで手をこまねいているわけ
にはいかなかった。むしろ，フィンランド人の民族の起源，形成の問題を明
らかにしていくために言語学者こそ先頭に立たなければいけないという使命
感に燃えていたのである。

　付表 I から分かるようにフィンランド語はハンガリーのマジャール語に近
い言葉である。これら二つの言語はウラル（フィン＝ウゴル）語族を構成す
る。しかし，そのルーツをさらにたどっていくと，トルコ語，モンゴル語，
ツングース語などから構成されるアルタイ語族とも親縁関係があると考えら
れている。両者は音韻規則，語の形態，構文法など多くの点で類似する。も
っとも似た点は「膠着語」という文章構成法上の特徴である。

　これを簡単な例で説明すると，たとえば名詞が主格，所有格，目的格など

付表 I　ウラル＝アルタイ語族の言語樹

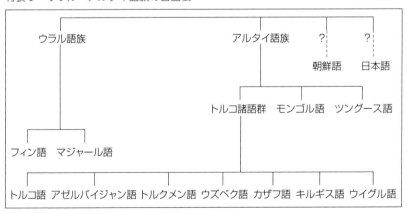

出所：Şerafettim Turan, *Türk Kültür Tarihi*, Ankara, 1990, p. 47.

として使われる場合，名詞の語幹部分に格助詞（てにをは）にあたる接尾辞を膠のようにつけながら文章をつくっていく方法がある。これが膠着語の特徴と言われるものである。

　フィンランド人は自己が何たるかを知るために言語を探求しようとした。その際，母語以外でもっとも彼らの興味をひいたのが歴史的関係も深く，兄弟のように言語構造が似ているトルコ系言語であった。これはウラル諸語とアルタイ諸語の比較研究というかたちで進んだが，先鞭をつけたのは1845～49年，それまで未知であったシベリアのトルコ系諸方言を調査したことで知られるカストレーン Castren（1813-52）であった。

　そして，彼の構想したウラル＝アルタイ語族の比較研究をさらに発展させたのが著名な言語学者ラムステッド Ramstedt（1873-1950）である。1919年から10年間，独立まもないフィンランド共和国の初代駐日代理公使として日本に滞在し，晩年はヘルシンキ大学教授として言語学界を指導した彼は，1898年から2年間，モンゴル高原で言語調査に没頭した。この時まだ25～27歳の青年にすぎなかったラムステッドは，フィンランド人がアルタイ研究をすることの意義を後年，自著『七回の東方旅行』（荒牧和子訳，中央公論社，1992）のなかで次のように回想している。

　　フィン族の起源の問題，いわゆるウラル＝アルタイ人の問題の解明が待たれているということは私もよく知っていた。そしてモンゴル人やチュルク（テュルク）人の学問水準が，この問題の解決に貢献できるところまでに至っていない以上，ドイツ人やスウェーデン人などではなく，フィンランド人，それもフィンランド語の専門家こそ，この仕事の最適任者であると自負していた。

　フィンランドとモンゴル高原とはたがいに遠く離れている。しかし，フィンランド人にとってモンゴル高原の古きトルコ系言語を探求していくことは，脈々と続く自分たちの伝統を知るだけでなく，帝政ロシアの支配から文化的に自分たちを解放する道であった。帝政ロシアの学者たちとは違ってそれは抵抗する武器にほかならなかったのである。

トルコ民族の故郷はモンゴル高原なのか

　一連の碑文の発見は，トルコ民族の起源問題を言語の観点から見ることに
一石を投じた。しかし，これをもってトルコ民族の故郷がモンゴル高原だと
断定できるのだろうか。

　7世紀末までさかのぼることのできる突厥帝国の碑文は，確かにわれわれ
が知ることのできる最古のトルコ系言語であり，これを使っていた人びとが
その当時，モンゴル高原で遊牧生活を送っていたのは明白である。

　現在，モンゴル高原と聞くと，誰もがモンゴル人の住んでいるところだと
考える。しかし，はるか昔のモンゴル高原は，モンゴル人だけでなく，トル
コ系，ツングース系といった言語的にアルタイ語族としてまとめられる人び
ともいっしょに混じり合って住むところであった。

　このようにトルコ系の人たちがある時期までモンゴル高原に住んでいたこ
とは確実である。しかし，言語資料が残っていない有史以前の悠久の昔にト
ルコ祖語と仮定される言葉をしゃべる人びとが，突厥時代と同様，モンゴル
高原にいたかどうか今の研究水準では残念ながら確かめようがない。

　そもそも祖語という概念はインド＝ヨーロッパ語族の祖先探しのなかから
出てきたものである。紀元前2000年紀頃にインド＝ヨーロッパ語族の故郷
がどこであったのかを推定するため，言語学者はインド＝ヨーロッパ語族を
構成する複数の諸言語を厳密に比較し，音韻変化の規則を手がかりに実体と
しては存在しないが理論的に考えられる古型を復元しようとした。

　それが祖語と言われるものだが，トルコ言語学ではこのようなレベルでの
研究はインド＝ヨーロッパ語族のように進んでいない。実体言語として最古
の突厥時代のトルコ系の言葉を使っていた人たちがモンゴル高原を居住地と
していたことは分かっても，有史以前のトルコ祖語の話し手がどこにいたの
かは依然として謎のままである。モンゴル高原をトルコ民族の故郷だと断定
することはできない。

　といっても，突厥よりもはるかに古い時代からトルコ系の人たちはモンゴ

ル高原を居住の中心にしていたようである。このことは中国の史書を考証していくと推定できる。紀元前３世紀頃，匈奴の北方にいた丁零，丁令，丁霊[ていれい]などの名前で出てくる遊牧民がそれである。

　彼らは突厥のように言語資料を残さなかったので確かにトルコ系だとは断定できない。しかし，そのロマンを誘う奇妙な名前の原音をさぐっていくとテュルクである可能性が高く，トルコ系だと推定されるのである。

　今のところもっとも古くたどれるのはここまでで，それ以前にトルコ系の人たちがどこにいたのかは残念ながらまったく分からない。

中国王朝のトルコ民族情報──鉄勒

　丁零の時代から下って紀元後の５世紀末を過ぎると，トルコ系の人たちは，中国の隋唐時代の史書に「鉄勒[てつろく]」という名前で登場するようになる。鉄勒とは丁零と同じくテュルクを漢字音写したものだと言われている。この鉄勒と記されたトルコ系の人たちが居住する地域は，丁零とはくらべものにならないほど広い範囲に及んでいた。

　鉄勒というのはトルコ系の人たちに対する総称であるが，実際には多数の部族に分かれ，それぞれ固有の部族名，遊牧地をもっていた。その中核となる諸部族が遊牧していたのはモンゴル高原の西北部アルタイ山脈方面である。６世紀半ばになると，このなかから阿史那[あしな]という有力な集団が台頭してモンゴル高原を統一，すでに述べた突厥というトルコ系最初の遊牧帝国をうちたてたのである。

　ところで，鉄勒が分布する地域は，モンゴル高原だけにとどまらなかったようである。その居住する地域は，史料を考証していくと，バイカル湖の南辺からアラル海，カスピ海北方の草原地帯に至るユーラシアの心臓部にまで達していた。これがモンゴル高原からの民族移動の結果かどうかまったく不明だが，トルコ系の人たちは，かなり早い時期からモンゴル高原以外の地域にも広がって住んでいたと言うことができるだろう。

中国人の鉄勒に関する情報を見て分かることは，彼らの鉄勒に対する関心がいかに強かったかということである。中国人にとってトルコ系の遊牧民は，北方から西北にかけての辺境地帯に出没し，侵犯を繰り返す恐ろしい夷狄の民であった。このため，中国人は必死になってアンテナをはりめぐらし，トルコ系遊牧民の動向を押さえようとした。その結果が，ユーラシア各地に散在していた鉄勒諸部族に関する隋唐時代の史料となって現れたのである。

　中国人の集めた5世紀末から9世紀にかけての情報は，当時としては驚くほど詳しく正確である。しかし，さすがの中国人の情報も，西へ行けば行くほど次第に曖昧模糊としたものになってくる。中国史料によるかぎり，いちばん西の端の鉄勒諸部族は，どうやらカスピ海北方のステップにいたらしいが，それよりさらに西のこととなると，もはやおさえることができなくなってくるのである。

ビザンツ帝国のトルコ民族情報——ブルガロイ

　ところで，中国人がトルコ系の人たちを鉄勒と総称し，その動向に神経をとがらしていたのとほぼ同じ頃，中国と並ぶもう一つのユーラシアの文明世界の中心であったビザンツ帝国の方でもトルコ民族に対して並々ならぬ警戒心を抱いていた。この帝国も中国と同様，黒海北方の草原地帯からドナウ川を渡って侵入してくる遊牧民に悩まされていた。

　ビザンツ帝国は，国境を越えてやって来る遊牧民を自分たちとはまったく違う人間と認識し，ギリシャ語でエトネ Ethnē と呼んだ。それは，中国風に言えば夷狄を意味し，文明の恩恵に浴するローマイオイ Romaioi（ローマ帝国の臣民）とは対極にある，乱暴狼藉を働く野蛮で粗野な連中という意味であった。

　トルコ系の遊牧民がビザンツ史にはじめて登場するのは481年のことである。黒海の東北，アゾフ Azov 海周辺の草原地帯で遊牧していた「ブルガロ

イ Bulgharoi」という名前をもつ遊牧民がそれである。

　この集団が中国人の伝える鉄勒の一部であったのかどうか，残念ながら確証はない。しかし，彼らが残したごくわずかな言語史料を総合すると，まぎれもなくトルコ系であった。このブルガロイという集団，またの名をオノグル・ブルガール Onoghur Bulghar は，7 世紀前半になると，遊牧帝国を建設するまでに発展した。ちょうど，モンゴル高原で突厥の支配に陰りが見え，唐によって征服された直後の時期にあたる。

　635 年頃，クブラト Kubrat という英雄が現れ，諸部族を統一し，強大な王国を建設することに成功した。日本ではこのブルガロイという遊牧帝国については突厥にくらべると，ほとんど知られていない。それは，漢文史料にもっぱら拠りながらおこなわれてきたトルコ民族史研究の網の目からすっぽり落ちてしまっているからである。

　このブルガロイ王国は，ビザンツ帝国を脅かすほどのなかなかの強国であった。しかし，その栄耀栄華もあまり長くは続かなかった。642 年，クブラトが亡くなると，その王国は同じトルコ系のハザールの攻撃をうけてあっけなく崩壊した。だが，彼らの歴史はこれで終わらない。王国が滅亡した後，アゾフ海東北の草原地帯から二つの方面に民族移動を起こし，あらたに移住していった先で今に続く民族集団をつくり出していったからである。

　一つの集団は 672 年，黒海北岸の草原を西に進み，ドナウ川を渡って南スラヴを征服，679 年，そこにブルガリア帝国を建国した。今，ブルガリア人と聞くと大多数の人は南スラヴだと信じて疑わないが，起源的にも名前の上からもトルコ系がもとになっており，時代が経つにつれてスラヴに同化されていった人びとであった。

　他方，もう一つの集団は，だいぶ遅れてヴォルガ川中流域に移動した。そこで彼らは，フィン系の諸民族，東スラヴと混血し，965 年，ヴォルガ・ブルガール Bulghar 王国という国を建国した。その後，この王国をつくったトルコ系の人たちの子孫は，キプチャク・ハン Qipchaq Khan 国，カザン・ハン Kazan Khan 国，そして 16 世紀以降は帝政ロシアの支配下におかれた

が，この間にさらに変貌をとげ，今のタタール人やバシキール Bashkir 人が生まれてくるのである。

語族は民族なのか

　比較言語学者にとってトルコ民族の源流をさぐり，古い時代における民族移動の問題を見ていくことは，語族という観点からトルコ民族というものを組み立てていくうえで避けて通れないことである。語族の始源の言語を確かめ，それからどのように枝分かれしてトルコ系の諸言語が生まれ，その系統樹がつくられていったのか，これを知るために欠かすことができないからである。

　かくして，比較言語学者はトルコ民族の起源と民族移動，分布の問題にたいへんな情熱を傾けていったのである。しかし，果たして彼らのようにトルコ系諸語を話す人たちをすべて実体ある民族と見ていく考え方は正しいのだろうか。最後にこの留保しておいた問題について考えていくことにしよう。

　ところで，民族というまとまりが形成されていくには，すでに挙げた生活文化，習俗，宗教，言語など客観的に共通の文化的要素を最低でも一つは備えていることが必要である。ただ，その場合，もっとも大事なことは，そのような客観的な条件があることを前提として人びとにまとまっていこうとする意志があり，つくられようとする民族に対して主観的な帰属意識（アイデンティティ）をもてるかどうかということである。これを欠いていてはどんなに文化的要素が揃っていたとしても民族は実体をなしてこないと言っていいだろう。

　以上のことを踏まえて語族としてのトルコ民族を検討してみると，ほとんどのトルコ系の人たちは，比較言語学者たちが構想した「トルコ語族」というものに対して親近感をもつこともできなかったし，帰属意識をささげることもできなかった。「トルコ語族」というものは，頭では理解できても，心底，自分たちがその一員であると意識できるほど身近な存在ではなかったと

いうことができよう。

　といっても，第一次世界大戦前後の時期から現代にかけて，一部の狂信的なパン・トルコ主義者は，比較言語学者たちが構想する語族にきわめて近い，誇大妄想的ともいえる「大トルコ民族」なるものを夢想し，これに対する帰属意識を煽っていくことに血道を上げた。このかぎりにおいて語族としてのトルコ民族という観念も完全に否定し去ることはできない。

　しかし，パン・トルコ主義者たちのデマゴギーについていく人は，後でも触れるが実際にはほんの一握りにすぎなかった。大部分の人は，ユーラシア規模というような大風呂敷ではなく，もっと小さな単位，地域で自分たちの集団としてのまとまり，民族を考え，それに帰属意識を捧げていこうとするのがふつうであった。

　このため，私自身は，語族としてのトルコ民族，「トルコ語族」を実体のある民族とはみない立場をとる。しかし，だからといって民族を形成していく要素としての言語が果たす役割まで否定するつもりはまったくない。むしろ，私自身の意図は，言語を中心にすえて民族形成の問題を考えていくことを柱の一つにしていきたいと思っている。

　ただ，その場合の言語は，帰属意識をともなうものでなければならないと考える。トルコ系の人たちはユーラシアの各地で実にたくさんの話し言葉，書き言葉を歴史的には生み出してきた。それらが帰属意識をともなうものであったのかどうか，また帰属意識をともなうものであるならば，どのような人のまとまり，民族がつくり出されてきたのか，ユーラシア規模ではなく，もっと地域を狭くしぼって見ていくことが必要である。

民族移動によって生み出される多彩なトルコ系諸民族

　このため，以下においてはトルコ系の人たちの民族の問題を考えていくにあたり，ユーラシア規模でとらえられたトルコ民族という概念からひとまず離れて，もう少し細かく分けられた地域で形成された民族，トルコ民族では

伝説上の英雄
オグズ＝ハン

なくトルコ系の諸民族を問題にしていくことにしよう。

　トルコ系の人たちは歴史上，幾度となく繰り返された民族移動によって多
数のそれぞれ個性ある民族集団をつくり出していった。ここではそれらのな
かでもモンゴル高原からシルクロードに沿って中央アジア，イラン，ザカフ
カス，アナトリア，バルカン方面に移動していったトルコ系の人たちの民族
形成の歴史を追っていくことにしたい。

　この方面に移動していった人びとは，すでに述べたブルガロイなどステッ
プルートに沿って移動していった人たちとは同じトルコ系といってもかなり
毛色の違う人たちである。言葉の面でもかなりの違いがある。このため，専
門の学者のなかには，シルクロードに沿って移動していったトルコ系の人た
ちをステップルートに沿って移動していったグループと区別してオグズ
Oghuz（オッズ Oguz）という名で呼ぶ人もある。この名称はトルコ系の大
遊牧集団を率いて中央アジア方面に移動していったとされる神話・伝説上の
英雄オグズ＝ハンに由来する。

　このオグズと総称されるトルコ系の遊牧民が，モンゴル高原から民族移動
を開始したのは西暦で言うと9世紀半ばのことである。彼らの政治的な中心
地であったモンゴル高原は，突厥帝国（552－744）が滅んだあと，同じトル
コ系の回鶻帝国によって支配されていたが，この帝国がバイカル湖周辺にい

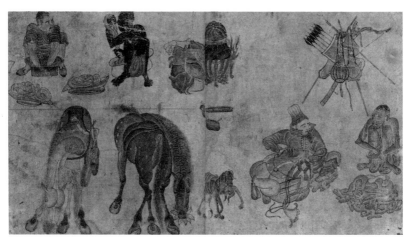

戦いを終えて休む騎馬遊牧民

た遊牧民の襲撃によって 840 年に滅ぼされると，これ以降，モンゴル高原か
ら史上空前の民族移動が起こされていったのである。

　長く続く民族移動によってトルコ系遊牧民は，中央アジアからバルカンに
かけて住むさまざまな先住民と肉体的にも文化的にも混淆，摩擦を繰り返し
ながらそれぞれの地域で新しい独特のトルコ系の諸民族をつくりあげていっ
た。

　この民族形成のプロセスを以下においてはトルコ化，イスラーム化という
二つの視点を軸にしながら見ていくことにしよう。トルコ化とは，民族移動
を起こしていったトルコ系の人たちが言語的，文化的に先住民を同化させて
いくことを意味する。これに対してイスラーム化とは，もともとシャマニズ
ムという呪術的な宗教の信者であった彼らがイスラームを受容していく過程
のことを言う。

　これら二つの文化変容は，トルコ系の人たちの民族形成の問題を考えてい
くときに鍵となるものだが，これがトルコ系の人たちが移動していった地域
でどのように生じたのかを見ていくことにしよう。

トルコ民族の多様性

　同じトルコ民族といっても移住先における先住民との関係で民族のあり方は異なる。中央アジアとアナトリアではトルコ化が進み，イスラームという点ではスンナ Sunna 派が大勢を占める。イランではペルシア語が優勢で，宗教的にはシーア Shii'a 派を信仰する人がほとんどである。このようにトルコ民族としての性格には地域ごとに違いがある。それぞれの個性がどのように形成されていったのか，時間を追って見ていくことが必要である。

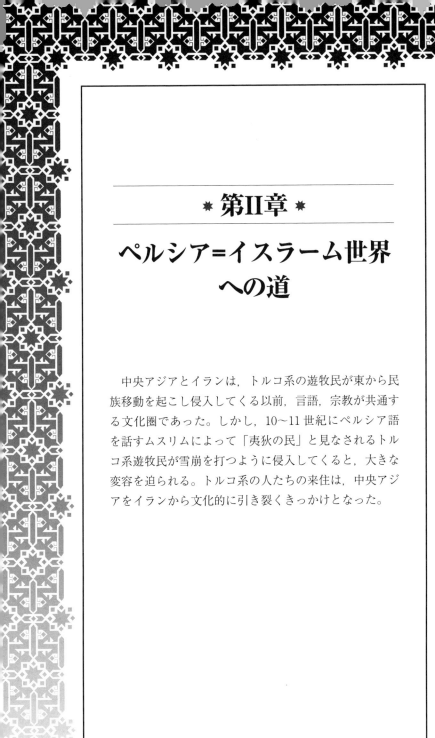

✳ 第II章 ✳

ペルシア＝イスラーム世界
への道

　中央アジアとイランは，トルコ系の遊牧民が東から民族移動を起こし侵入してくる以前，言語，宗教が共通する文化圏であった。しかし，10〜11世紀にペルシア語を話すムスリムによって「夷狄の民」と見なされるトルコ系遊牧民が雪崩を打つように侵入してくると，大きな変容を迫られる。トルコ系の人たちの来住は，中央アジアをイランから文化的に引き裂くきっかけとなった。

ペルシア＝イスラーム世界とは何か

　はるかモンゴル高原のかなたから天山山脈の北麓を通って中央アジア方面に侵入してきたトルコ系の遊牧民に当時，誰よりも恐れおののいたのは多分，フィルドゥスィー Firdowsi（934－1025）だったのではないだろうか。このイランを代表する大詩人は，遊牧民に蹂躙される 10〜11 世紀の時代に身をおきながら壮大な民族叙事詩『シャー・ナーメ（王書）』を著した。

　『シャー・ナーメ（王書）』そのものは，トルコ系遊牧民の侵入について具体的に触れたり，それを直接，悪しざまに書いた作品では決してない。しかし，その底に一貫して流れるのは栄光あるペルシア＝イスラーム世界を脅かすトルコ系遊牧民に対する怨念と，失われゆくものを身を賭して守りぬこうとする民族の熱情であった。

　ところで，フィルドゥスィーが愛惜してやまないペルシア＝イスラーム世界とは，どのような世界のことを言うのであろうか。あまり聞きなれない言葉だと思うので簡単に説明を加えておこう。

　ペルシア＝イスラーム世界という言葉は，実はフィルドゥスィーみずからが言ったものでなく，私自身の造語である。トルコ系の遊牧民が侵入してきた 10 世紀末まで中央アジアとイランをあわせた地域は，言語においてペルシア語を共通にし，宗教においてはイスラームのあり方を同じくする世界であった。この点をとらえてペルシア＝イスラーム世界という文化的な概念を立ててみたのである。

　今の中央アジア，イランの状況を見てみると，二つの地域がかつて同じ文化圏をつくっていたとはとても想像できないかもしれない。というのは，中央アジアがトルコ系諸言語の優勢なスンナ派イスラーム世界であるのに対し，イランの方はペルシア語を公用語とするシーア派イスラームの国であるからである。

　現在，このように対照的な地域になってしまっているが，かつての中央アジアとイランは，文化的な面のみならず自然環境，人びとの暮らし方，社会

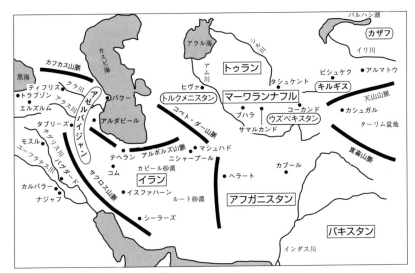

付図Ⅱ　ペルシア＝イスラーム世界

構造において古くから一卵性双生児のようによく似たところであった。

　広大な砂漠，草原地帯での遊牧，星のごとく点在するオアシス農村での灌漑農業，また必ずしも農業生産力が十分でないために，それを補うべく昔から活発におこなわれてきたサマルカンド Samarqand，ブハラ Bukhara，イスファハーン Isfahan，シーラーズ Shiraz などシルクロードに沿った中継都市での国際交易，そして分権的な社会の構造，いずれをとってみても二つの地域は共通する世界を形づくってきたと言ってかまわないだろう。

トルコ系遊牧民の侵入

　このようにあらゆる点で一体化していた中央アジアとイランに侵入し，それぞれの地域を支配していったのは，カラ・ハン Qarakhan 朝（840-1212）とセルジューク Seljuq 朝（1038-1194）という二つのトルコ系の王朝である。

古くから国際交易で栄えたシルクロー
ド沿いの都市サマルカンド

　シル Syr 川よりも西の中央アジアの地を最初に支配することに成功した
のはカラ・ハン朝である。この王朝は，元来，天山山脈の北麓バルハシ
Balkhash 湖の南に位置するセミレチエ Semirechie の草原地帯に本拠地をお
いていたが，999 年，ブハラを首都とし，中央アジアからイランにかけての
地にペルシア＝イスラーム文化の華を咲かせていたサーマーン Saman 朝
（875-999）を滅ぼし，念願のシル川以西の中央アジアに進出した。

　これに対してアム Amu 川を渡ってイランにはじめて侵入し，征服王朝を
建てたのはセルジューク朝である。この王朝の前身をなす部族集団は，もと
もとシル川の下流域で遊牧をおこなっていた。しかし，その後，西に向かっ
て移動を開始し，1040 年，当時，アフガニスタンからイランの東北部地方
にかけての地を治めていたガズナ Ghazna 朝をダンダーナカーン Dandana-
qan の戦いで破り，イランの支配を不動のものとした。

　カラ・ハン朝，セルジューク朝にはじまるトルコ系遊牧民の支配統治は，
その後も近代に至るまで中央アジア，イランにおいて延々と続く。この長い
時間的な経過のなかでトルコ系の遊牧民は，先住民たるペルシア系住民をト
ルコ化していき，またイスラームを新しい宗教として受け入れながらみずか
らを変身させ，新たに移住していった中央アジア，イランの地でさまざまな
トルコ系の集団をつくり出していったのである。

　以下においては，最初にトルコ化という観点からトルコ系の人たちが先住

民の言葉であるペルシア語の圧倒的な影響を受けつつ，新天地でどのように
して自分たちの新しい言葉をつくっていったのかを見ていくことにしよう。
そして，さらにそれらの新しくつくり出されたトルコ系の言葉に対して，人
びとが帰属意識（アイデンティティ）をもつことができたのかどうか検討を
加えていくことにしたい。

　次に，イスラームに改宗していく事情を少し詳しく追いながら，どのよう
な種類のイスラームにトルコ系の人たちは惹かれていったのか，またスンナ
派とシーア派との違いが明確になっていくにしたがって中央アジアとイラン
のトルコ系の人たちのあいだにいかなる意識の違いが生じたのかを考えてい
くことにしたい。

　このような問題を近代以前において見ていく理由は，今現在の中央アジア
のトルコ系の諸民族とイラン西北部からザカフカス東南部にかけて広がるア
ゼルバイジャンの地域に住む人たちとが，同じトルコ系といってもかなり違
う人たちであることを理解してもらいたいためである。これを知るためには
トルコ系遊牧民の侵入によって言語的，宗教的な変容が進み，ペルシア＝イ
スラーム世界が分裂していくプロセスを見ていくことが必要である。

『シャー・ナーメ（王書)』が暗示するもの

　トルコ系遊牧民の侵入によってペルシア＝イスラーム世界の一体性が壊
れ，分裂，変容に向かっていることをいち早く本能的に察知し，その焦燥感
を文学のかたちで昇華させたのが，すでに述べたフィルドゥスィーである。
サーマーン朝末期からガズナ朝の時代に生きたこの詩人は，中央アジア，イ
ランの地域が確固たる統一体であることを訴えていくため民族叙事詩『シャ
ー・ナーメ（王書)』の執筆に取り組んだ。

　彼は，まず中央アジア，イラン各地に口承のかたちで伝わる神話伝説，英
雄物語，歴史を丹念に採集した。そして，980年代になると，それらを取捨
選択し，みずからの文学的創造力を駆使して執筆をはじめ，約30年の歳月

『シャー・ナーメ（王書）』のさし絵・写本は16世紀前半にイランを統治したサファヴィー朝のシャー・タフマースプ1世の命で編修されたもの。258葉にのぼる豪華絢爛たる細密画が収められていることで有名。1959年フランスのユダヤ財閥ロートシルト（ロスチャイルド）家から愛書家ホーントンが購入した貴重な写本。

をかけて1010年，大叙事詩を完成させた。

　『シャー・ナーメ（王書）』の構成，世界観で卓抜だと思う点は，古代に存在したとされる二つの神話上の架空の国の抗争に題材をとりながら，それに仮託してペルシア＝イスラーム世界がトルコ系遊牧民の劫掠によって文化的な一体性を脅かされていく状況を見事に暗示したところにあると言っていいだろう。

　架空の二つの国とは，一つはアム川の西南に国をつくっていた「イラン」という国である。これは，現在のイランがあるところとほぼ同じと考えてよい。これに対してもう一つの国は，「トゥラン」という名で呼ばれ，アム川を東北に越えた今の中央アジアにある国として描かれている。

　この二つの国の君主は，もともと同じ王家に属する兄弟であったが，覇権争いに敗れた「トゥラン」の君主が，それを恨みに思って「イラン」に戦いをしかけ，これをきっかけに両国が血みどろの戦争に突入していく，というかたちで話の筋が展開していく。

　このいつ果てるともない戦争で八面六臂の活躍をするのが有名なロスタム

Rostām という英雄である。彼の勇敢な行為をたんなる戦いの物語として描くのではなく，親子の情や男女の愛といったものを見事にからませながら壮大な人間のドラマに仕立てあげていったのが『シャー・ナーメ（王書）』という作品であった。

ところで，この一連の物語のなかで徹底して悪として描かれているのは「トゥラン」という国である。「イラン」が善神，正義の君主，定住民の支配する理想の国として描かれているのに対して，「トゥラン」の方は，悪鬼，不徳の君主が支配し，また得体の知れぬ，空恐ろしい遊牧民が跋扈する世界として描かれている。

このように「イラン」と「トゥラン」を対比させ，後者を徹底して悪として描いていくというのが『シャー・ナーメ（王書）』に一貫するモチーフとなっている。これからわれわれはフィルドゥスィーの秘めたる意図を読みとることができるのではないだろうか。

フィルドゥスィーが『シャー・ナーメ（王書）』の執筆に没頭していた 10世紀末から 11 世紀初めの時代は，トルコ系の王朝であるカラ・ハン朝がペルシア系のサーマーン朝を滅ぼし，中央アジアに覇権を確立しようとする時

COLUMN
トルコ民族の郷土　トゥラン

『シャー・ナーメ（王書）』においてトゥランは，文化的に野蛮でさげすむべき世界として描かれている。しかし，近代におけるトルコ民族主義のイデオローグは，これに正面から異を唱え，むしろそれを逆手にとってトゥランこそトルコ系の人たちの理想の桃源郷，民族的な郷土だと強調した。『シャー・ナーメ（王書）』ではペルシア＝イスラーム世界を脅かす，憎き敵として登場するアフラースィヤーブ Afrāsiyāb やスィヤーウシュ Siyāwish もトルコ系の人たちにとっては英雄とされ，それにまつわる口承の叙事詩が積極的に評価された。

にあたっていた。

　こうした中央アジアにおけるトルコ化の予兆を敏感に感じとり，それを悪しき存在として「トゥラン」に凝縮させ，象徴的に描きながらペルシア＝イスラーム世界の文化的一体性が失われゆくことに挽歌をおくったのがフィルドゥスィーだったと考えることができるだろう。

言語的に自立する中央アジア

　カラ・ハン朝，セルジューク朝にはじまるトルコ系遊牧民の中央アジア，イランの支配は，その後も王朝は変わるが近代までずっと続いた。政治権力はトルコ系の遊牧民に独占され，オアシスで農耕を営むペルシア系の定住民がその支配に唯々諾々としてしたがっていく。これが，中央アジア，イランに共通する政治・社会的な構図であった。

　だが，このようなトルコ系遊牧民の絶対的な優位にもかかわらず言語の面でのトルコ化は，11世紀以降，フィルドゥスィーが心配したように急激には進まなかった。征服者のもちこんだトルコ系の言葉は，ペルシア語にくらべるとまことに未熟なものであった。部族ごとに違った口語が使われ，閉鎖的な血縁・地縁集団を超える共通の文語，書き言葉を生み出すまでに至らなかった。

　このため，行政用の言葉は，ある時期までもっぱらペルシア語であった。官僚，役人も当然の結果としてペルシア系から登用された。有名なセルジューク朝の宰相ニザームル・ムルク Niẓām al-Mulk（1018-92）に代表されるようなペルシア系知識人が実質的に政治を取りしきり，それにトルコ系遊牧民の征服者がのっかっていく。これが中央アジア，イランを支配したトルコ系征服王朝の一般的なパターンであった。

　しかし，15世紀末になると，こうした状況に変化が現れる。中央アジアのトルコ系の人たちが自分たちの言葉に自信をもちはじめ，ペルシア語に十分，対抗できるチャガタイ・トルコ語という文語をつくり出すようになった

◁チャガタイ・トルコ語に
よる民族の自立を訴えた
ミール・アリー・ナヴァ
ーイー

ナヴァーイーに心酔し, ▷
チャガタイ・トルコ語で
自伝的回想録『バーブル・
ナーマ』を著したムガル
帝国の建国者バーブル

からである。

　チャガタイ・トルコ語とは, ティムール帝国の前に中央アジアを支配して
いたモンゴル系のチャガタイ・ハン国 Chaghatai Khān にちなんで名前がつ
けられた言葉のことである。これは, ペルシア語から多数の語彙を借用し,
アラビア文字で表記される書き言葉であるが, モンゴル高原にいた時代とは
くらべものにならないほど豊かな表現力を備えるようになっていた。

　このチャガタイ・トルコ語を武器に中央アジアのペルシア文化に敢然と立
ち向かい, トルコ系の人たちに言語的な自立を訴えていったのがミール・ア
リー・シール・ナヴァーイー Mīr 'Alī Shīr Navā'ī (1441‒1501) という人
である。

　この人の名前は日本ではあまり知られていないが, 中央アジアの都市に行
けばその銅像をあちこちで目にすることができるほど有名な人である。ティ
ムール帝国末期の政治家, 文人であったナヴァーイーは, 『二つの言語に関
する詮議』という書物を著し, 自分たちの言葉がもはやペルシア語に決して
ひけをとらないすぐれた文語であることを説き, みずからそれを使って書く

ことを実践していったのである。

　このナヴァーイーによる言語改革運動に啓発されて，16世紀以降，中央アジアではペルシア語に代わってチャガタイ・トルコ語がトルコ系の住民のあいだで広く通用する共通語になっていった。ペルシア語と格闘し，その影響を受けながら，ついにそれを乗り越えて自分たちの言葉で表現できるような人たちがようやく中央アジアに出現したのである。

　ティムール帝国の王族の一員として生まれ，のちにインドに亡命してムガル帝国を建設したバーブル Bābur は，以上のようなナヴァーイーの言語に対する熱き思いをもっとも真剣に受けとめた一人である。チャガタイ・トルコ語で書かれたその自伝的回想録『バーブル・ナーマ』は，言語面でのトルコ化が中央アジアにおいて地歩を固める16世紀を象徴する記念碑的な作品と言えるものであった。

　これに対してもう一つのペルシア語文化圏であったイランでの言語的なトルコ化は，思うように進まなかった。イランにおいてトルコ系の人たちがもっとも多く住みつくようになる地方は，西北部からザカフカスの東南部にかけて広がるアゼルバイジャンという地域である。

　ここを中心にサファヴィー Ṣafavī 朝が勃興してくる15世紀末頃，中央アジアと同じようにトルコ系の文語が形成された。アゼルバイジャン・トルコ語がそれである。しかし，こうした文語がつくられたにもかかわらず，イランのトルコ系の人たちは中央アジアのようにこれを使って自己主張をおこなっていこうとはしなかった。

　サファヴィー朝の創設者シャー・イスマーイール Shāh 'Ismā'īl（1487-1524），詩人フズーリー Fuzūlī（1480？-1556）のようにアゼルバイジャン・トルコ語ですぐれた詩を残した人もいるが，総じてトルコ系の知識人は圧倒的な影響力をもつペルシア語の羈絆から脱することができなかった。これは現代にまで尾を引く問題で，アゼルバイジャン人問題を考えていくときにこの言語問題は，十分に頭に入れておかなければならない重要な点である。

イスラームへの改宗

　10〜11世紀のトルコ系遊牧民の侵入にはじまるペルシア＝イスラーム世界の言語的変容は，以上から明らかなように15世紀末〜16世紀初頭に一つのピークを迎えた。これに対して宗教的にはどのような変化が起きたのであろうか。言語の面でのトルコ化とならんで文化変容をはかるもう一つの重要なバロメーターであるトルコ系の人たちのイスラーム化をめぐるいくつかの問題を次に見ていくことにしよう。

　さて，モンゴル高原にいた時代，大半のトルコ系遊牧民は，シャマニズムの熱心な信者であった。シャマニズムというのはとくに北アジアからシベリアにかけて広くみられる多神教的な呪術宗教のことである。このような宗教から一神教としてのイスラームに改宗することによって，トルコ系の人たちはモンゴル高原にいた時代とはまったく違う性格をもつ集団に変わっていった。

　トルコ系遊牧民のイスラームへの改宗は，いろいろな史料を総合すると，すでに述べたカラ・ハン朝の時代，10世紀にはおこなわれたようである。

　伝説によると，この王朝の本拠がまだ，天山山脈西部地方にあった頃，サトゥク・ボグラ・ハン Satuq Boghra Khan（？-955）という支配者がいたが，サーマーン朝から亡命してきた貴族，商人が彼にイスラームへの改宗を勧めたのがそもそものはじまりだと言われている。

　改宗の具体的なプロセスについては詳しいことは分からない。しかし，一般的にはペルシア＝イスラーム世界の中心にトルコ系の遊牧民がまだ本格的な侵入を開始していなかった頃，すでに改宗は相当進んでいたようである。サーマーン朝の異教徒に対するジハード Jihād（聖戦），イスラーム教徒の商人の活動，スーフィー ṣūfī（イスラーム神秘主義者）と呼ばれる宗教者の働きかけなどによってトルコ系の人たちのなかに改宗者が多く出たと言われる。

　ところで，イスラームのなかでもトルコ系の人たちをとくに惹きつけたの

はスーフィズム（イスラーム神秘主義）と言われるものである。スーフィズムというのは，10世紀頃からさかんになってきた新しい教えのことである。

　これは，それまでの伝統的なイスラームに真っ向から反対する新しい波であった。コーラーン Qur'ān，ハディース Ḥadith（伝承）の理性的な解釈を通じてシャリーア Sharī'a（イスラーム法）を体系化し，ウンマ 'Ummah（イスラーム共同体）の秩序をつくり出していくことだけに自己満足しているウラマー 'ulamā' と呼ばれる宗教者の生き方を否定したのがスーフィズムという潮流であった。

　イスラームにおいてもっとも大事なことは唯一絶対なる神の意志を知ることである。しかるに，この神の意志を知るにはいろいろな方法があるが，ウラマーのように理性的，法学的な解釈だけで神の意志が分かったような気持ちになっていて果たしていいのか，これがスーフィズムの突きつけた挑戦であった。

　スーフィズムは，ウラマーのやり方に背を向け，理屈でなく，自分の感性，精神を精一杯，大事にしながら神の意志を知ろうとした。ふつう，神との合一という言葉がスーフィズムのあり様を象徴する言葉としてよく使われる。イスラームに改宗したトルコ系遊牧民を魅了したのはこうした感性的，精神的な傾向をもつスーフィズムであったのである。

シャマニズムの世界観

　トルコ系遊牧民がスーフィズムに強く惹かれたのは，その新しく革新的な教えの内容に彼らが共感できたことだけが理由ではなかった。実は，イスラームに改宗する以前，彼らが信仰していたシャマニズムにスーフィズムが現象的にきわめてよく似ていたからである。シャマニズムとスーフィズムは，どこが似ているのだろうか。これを知るためにまず簡単にシャマニズムの世界観を見ておくことにしよう。

　シャマニズムとは，宇宙に存在する万物にそれぞれ精霊が宿ると考える多

神崇拝の宗教のことである。しかし，それらの精霊はまったく無秩序に存在しているわけではない。諸精霊のなかでも最高の存在は天（テングリ Tägri）と見なされ，その下に死者の霊，山川の神々などの形をとる諸精霊が地上界に存在し，最後に悪霊が地下界にいると考える。

シャマニズムは，このように諸精霊がピラミッド型のヒエラルキーをつくっていると考えるが，その信仰の核になっているのは，それら諸精霊の意志が世の中のさまざまな現象の原因となり，天変地異，病気等を引き起こすという考え方である。なかでも，精霊の最高存在である天の意志は絶対的と考えられていた。

このような世界観をもつ人たちにとって，世の中がどう動いているのかをはっきり知るために，もっとも大事なことは精霊の意志，とくに天の意志を知ることである。凶事や病気が起きているならばそれはなぜなのか，その原因をさぐっておかなければならない。

しかし，この天の意志を知るということは，凡人には簡単にできることではない。それができるのは，並はずれた感受性と霊的な力をもつシャマンと呼ばれる呪術師だけである。彼らは不眠不休や断食を続けながら，あるいは太鼓などを激しく打ちながら亡我自失の状態になり，天の意志を知ることができる特殊な能力をもつことができるようになった人たちである。

シャマンはスーフィーに通じる

以上がシャマニズムの世界観のあらましであるが，これとスーフィズムはどこが似ているのだろうか。それは，大胆に言うことが許されるならばシャマンと呼ばれる霊能者のおこなう行為とスーフィズムの神秘主義者，修行者のそれとがよく似ているということである。

スーフィズムの理想は，重ねて言うが神との合一である。しかし，神を感覚的に知る，それと一体化して意志を知ることが理想だと言われても，それはシャマニズムと同様，誰にでもできることではない。それができるのは呪

シャマン（左）と旋舞するスーフィー（右）

力，霊力においてすぐれるスーフィーと呼ばれる神秘主義者，修行者だけである。このため，ふつうのイスラーム教徒は，スーフィーの指導を受けながら同じような修行をおこない，神に一歩でも近づき，合一という神秘体験の悦楽を味わおうとする。

　シャマニズムとスーフィズムは，その起源も，世界観の構造もまったく異なる。しかし，シャマン，スーフィーそれぞれがおこなう行為，役割を見てみると，精霊や神の意志を知るためにおこなっていく方法は現象的にはきわめて酷似する。

　おそらくこのことが，もともとはシャマニズムの信者であるトルコ系の人たちに何の違和感も感じさせずにイスラームを受け入れさせていった理由である。なんとなれば，スーフィーには彼らにとってシャマンに通じるものがあったからである。

　そのうえ，トルコ系の遊牧民は，スーフィズムを一方的に受け入れただけでなく，逆に彼ら固有の信仰であったシャマニズムの儀礼をスーフィズムのそれにもちこんだと言われる。トルコ系の人たちが熱心に帰依するスーフィー教団では，神との合一を得るため打楽器，弦楽器，葦笛を使ったり，旋舞

をおこなったりすることが多い。

こうした儀礼はもとをたどるとシャマニズムに由来すると言われるが，中央アジア，イランのスーフィズムは，このようなトルコ系の人たちの儀礼を巧みに取り入れながらアラブ世界のそれとは違う道をたどっていったのである。

スーフィー教団の発展と変質

スーフィズムは，トルコ系の人たちの支持を得て10世紀以降，大いに発展する。この結果，多数のスーフィー教団が生まれたが，すでに述べた言語的な変容がピークに達する15世紀末〜16世紀初頭を迎えると，宗教的にも重大な転換期が訪れる。それはスーフィー教団の発展，変質というかたちを取ったが，それがどのように進んだのか，中央アジア，イランをそれぞれ代表する二つの教団を例にひいて見ていくことにしよう。

中央アジアを代表するナクシュバンディー Naqshbandī 教団は，12世紀，カラ・ハン朝の時代に誕生した。この教団は，当初，ブハラとその近郊で信者を集める地方的な教団にすぎなかった。しかし，14世紀末，トルコ系のティムール帝国が中央アジアに覇権を確立すると，その庇護を受け，教団の勢力は15世紀末までに中央アジア全域に拡大した。

だが，ナクシュバンディー教団の発展は，これでとまらなかった。16世紀に入ると教団のネットワークはヴォルガ川流域，ムガール帝国期のインドにまで広がり，もはや中央アジアという枠にとどまらない教団になっていった。ユーラシア各地のトルコ系社会は言うに及ばず，インド，東南アジア，北カフカス Kavkaz，イラク，シリア，アナトリア，そしてバルカンにまで教団の勢力は浸透していったのである。

これに対してイランでは，サファヴィー Ṣafavī 教団という代表的なスーフィー教団の内部で大きな変化が進行していた。それはスンナ派イスラームからシーア派イスラームへの宗旨変えという大転換であった。

ブハラにあるナクシュバンディー教団の聖廟。創始者が埋葬され，参詣地になっている。

サファヴィー教団は，13世紀後半，モンゴル系のイル・ハーン Īl khān 国が支配するイラン西北部アゼルバイジャン地方のアルダビール Ardabīl という町で創設された。初代教主はトルコ系ともクルド系とも言われるが，教団がもともと奉じる教義は，他の多くのスーフィー教団と同様，スンナ派の神学にもとづく聖者崇拝であった。

しかし，15世紀半ばを迎えると，この教団は当時イランで影響力を強めていたシーア派と深い関係をもつようになる。その結果，スーフィズムの聖者崇拝のなかにシーア派の特徴をもっともよく示すイマーム Imām 信仰，メシア信仰が入りこむようになった。

サファヴィー教団の指導者は，初代の教主以来，いずれも聖者として尊崇されてきた。しかし，初代から数えて5代目の子孫であるジュナイド Junayd という人の時代になると，彼がたんなる聖者でなく，実は9世紀後半以来，この世からお隠れになっているシーア派の第12代目のイマームの再来であり，メシアであるということが公然と言われるようになってきたのである。

これ以降，サファヴィー教団はシーア派としての旗幟を鮮明に打ち出していき，その変化は宗教的な面だけにとどまらず，次第に政治色を強めるというかたちでも現れる。教団にはクズルバシュ Kızılbaş と呼ばれる狂信的な

12人のイマーム。中央に初代のアリーが座り，左右にハサン（第2代），フセイン（第3代）以下，第11代目までのイマームが並んでいる。第12代はメシアとしてこの世から姿を消し「お隠れ」になっているため描かれていない。

シーア派信仰をもつトルコ系の軍人が仕えていた。彼らを中心にしてシーア派の宗教国家建設をめざす運動が起きていったのである。

　ちなみに，クズルバシュというのはトルコ系の言葉で「紅頭」を意味する。過激とも言えるほど熱烈なシーア派の信者であった彼らは，いつも12人のシーア派イマームを象徴する紅の房のついた帽子をかぶっていた。このためこう呼ばれていたのである。

　かくして，クズルバシュの軍事力に支えられたサファヴィー教団は1501年，教団の名前を冠したサファヴィー朝という王朝をイランに建国することに成功した。このシーア派国家の成立は，宗教的にイランと中央アジアを引き裂く決定打となるものであった。ペルシア語とスンナ派イスラームを共通にして一つの文化圏をつくってきた中央アジアとイランは，ここに16世紀を迎えて言語的のみならず宗教的にもまったく別な二つの世界に分立していくことになる。

分裂するイスラーム教徒としての意識

　かつて詩人のフィルドゥスィーが悲憤慷慨して憂えたペルシア＝イスラーム世界の分裂は，16世紀初頭に現実のものとなった。

アム川を境にして東の中央アジアには，宗教的にはスーフィズムの信仰を核にしたスンナ派イスラームの世界，また言語的にはトルコ系諸言語が優勢な世界，一般的にはトルキスタン Turkestan，フィルドゥスィーの表現にしたがうならばトゥランと呼ばれる地域が出現した。

　トルキスタンとは，トルコ系の人たちの住地という意味で，トルコ化の進行によって先住民であるペルシア系の人たちがマイノリティに転落し，タジク Tājik と呼ばれるようになった 16 世紀以降の中央アジアに対して使われていくようになる言葉である。

　これに対してアム川より西ではシーア派イスラームが支配的になり，ペルシア語が依然として優勢なイランが独自の地域色を打ち出していくようになる。イランの住民構成は中央アジアとは正反対で，トルコ系の人たちは，数のうえではマイノリティとしてイラン西北部からザカフカス東南部にかけてのアゼルバイジャン地方に主として住むようになる。

　このようにペルシア＝イスラーム世界が変容していくなかで，中央アジア，イランに住むトルコ系の人たちは近代以前においていかなる帰属意識（アイデンティティ）をもつようになるのであろうか。これについて最後に触れておくことにしよう。

　彼らの帰属意識は，所属する複数の集団のあり方によってさまざまであったが，もっとも根元のところにあったのはイスラーム教徒としての意識，イスラーム共同体（ウンマ）の一員であるという確信であった。

　ただ，これに関してはスンナ派であるか，シーア派であるかによって実際には帰属意識にずれがあったことを認めないわけにはいかないだろう。この二つの派は，同じイスラームといっても水と油のようなものであった。

　誰を共同体の指導者としていくのか，国はどうあるべきなのかをめぐって昔から今に至たるまで大きな意見の相違があり，たがいに相手を仲間と認めず，それぞれ別々の意識のもとに理想のイスラーム共同体を追求してきたのである。

　ごく簡単にその違いを言うならば，スンナ派の場合はカリフ Khalifa とい

うものを軸にイスラーム共同体，国家を構想していくのに対し，シーア派の方は預言者ムハンマドの血を引くイマームと呼ばれる人たちによって聖俗の区別されぬ共同体が世襲的に支配されることを理想と考える。

このような考え方の違いは，同じトルコ系でも中央アジア，イランそれぞれの地域に住む人たちの宗教的な帰属意識を異にさせた。たとえば，アゼルバイジャンのトルコ系の人たちを引き合いに出して説明すると，彼らが親近感をもち，仲間だと感じるのは中央アジアに住むトルコ系の人たちではなく，むしろ言葉は違うが，隣り合った大地に共に暮らし，シーア派の信仰を同じくするペルシア系の人たちの方である。

このことは，中央アジアのトルコ系の人たちとペルシア系のタジクの関係においても同様で，近代以前においてはこうした宗教的な一体感こそがいちばん大事だと考えられていた。言葉の違いによって人を区別していくという発想はあまりなかったといわなければならない。

血縁，地縁に根ざす帰属意識

言語というものが，当時のトルコ系の人たちのあいだでほとんど一体感を生み出す力になり得なかったことは，すでに述べたナヴァーイーによるチャガタイ・トルコ語の改革運動の結果を見れば明らかだろう。

運動そのものは，中央アジアの文明語として大きな力をもつペルシア語に対抗してトルコ系の人たちが発した強烈な自己主張の現れにちがいなかった。しかしながら，新しくできたチャガタイ・トルコ語は，残念ながらナヴァーイーのような知識人が期待したようには十分にトルコ系の人たちのあいだに浸透していかなかったようである。

ペルシア語に愛着をもつ知識人の数はなお多く，書き言葉に関して言うと中央アジアの言語事情は，二つの言葉を併存させるバイリンガルの状況がその後も近代までずっと続いた。このような書き言葉の両棲的な状況のなかでは言語を絆とした一体感，人のまとまりは生まれてこなかったのである。

これはチャガタイ・トルコ語のような文語を理解し，実際に使いこなせる知識人のレベルでの話だが，書き言葉とは無縁の世界に生きる普通の人たちとなると，言語を拠りどころにして一つのまとまった意識集団をつくっていくなどということは，なおさら考えにくいことであった。

　彼らにとって真に帰属意識を生み出していけるものは，言語ではなく，現実の生活に深くかかわる血縁的，地縁的なものであった。

　中央アジアとイランは，本章の冒頭でも言ったように分権的な社会構造という点でたがいに共通する面をもっていた。16世紀初頭，中央アジアにシャイバーンShaybān朝，イランにサファヴィー朝という外見的には中央集権的に見える王朝ができたが，その中身は，実際のところ，いくつかの遊牧部族が寄り合ってできた政治的な連合体にすぎなかった。

　また，地形的にも砂漠や草原のなかに人間が居住できるオアシス的な農村，都市が点のようにして散らばって存在しているのが中央アジア，イランの景観の特徴をなしており，社会の構造はおのずから分権的にならざるを得なかった。

　こうした条件に制約されて，中央アジア，イランの人びとは，遊牧民であるなら部族，定住民ならば自分が生まれたり，現に生活している農村や都市にことのほか愛着をもち，これへの帰属意識をつのらせていたということができるだろう。

　中央アジアやイランには，しばしば人の名前を呼んでいく場合，本名のほかに出生地や居住地に結びつけて呼んでいく習慣がある。たとえば，ブハーリーとか，イスファハーニーという呼び方である。いずれもブハラやイスファハーンで生まれた者，それらの町の出身者，そこに住む者という意味である。

　これを専門的にはニスバnisbaというが，こうした呼び方のなかに近代以前の人たちがいかに血縁的，地縁的な社会集団に対して強い帰属意識をもっていたかをうかがい知ることができるはずである。

　結局，近代以前における人びとの帰属意識のあり方は，帝政ロシアからソ

帝政ロシアからソ連邦初期にかけて活躍した中央アジア史の碩学バルトリド

連邦初期の時代にかけて活躍した中央アジア史の碩学バルトリド Barthold
（1869 - 1930）の次のような言葉に集約されると言っていいのではないだろ
うか。

　　中央アジアの定住民は，自己をまず第一にムスリムであると意識し，そ
　　れから特定の都市や地方の住民であることを意識する。特定の民族への
　　帰属意識は，彼にとっては何の意味ももっていない。近来になってはじ
　　めて（ロシアを介しての）ヨーロッパ文化の影響のもとで民族的一体性
　　への志向が生まれた。（小松久男「トルキスタンにおけるイスラム」『東
　　海大学文学部紀要』50，1988 年より引用）

　これは中央アジアについてだけ言ったものだが，イランにも当てはめるこ
とができる含蓄ある指摘である。近代以前の中央アジア，イランのトルコ系
の人たちのあいだには言語にもとづく帰属意識はまだ生まれていなかったと
いうことができるだろう。血縁的，地縁的な小宇宙に身を置くさまざまなト
ルコ系の人たちはいても，今あるような実体のあるトルコ系諸民族はまだ姿
を現してはいなかったのである。

分立する中央アジアとイラン

　15世紀後半から16世紀初頭の時期は中央アジアとイランとのあいだに文化的なくさびが打ちこまれた時にあたる。中央アジアではペルシア語に代わってトルコ系の言葉が優勢になり，イランではペルシア文化が守られた。このように二つの地域は異なる文化世界へと変わっていった。近代以前，言葉の違いはまだ重要でなく，むしろ人びとの帰属意識を決めるのは，スンナ派か，シーア派かというイスラームのあり方の違いてあった。

✴ 第III章 ✴

東方キリスト教世界のトルコ化

　セルジューク朝からオスマン帝国の時代にかけてアナトリア，バルカン，アラブ諸地域を征服したトルコ系遊牧民は，長い時間をかけてそこに住むさまざまな言葉を話し，多様な信仰をもつ人びとを同化していった。しかし，征服した領土のすみずみにまでトルコ化，イスラーム化を浸透させることはできず，オスマン帝国は多民族，多宗教が共存できる社会的な仕組みをつくり出していかなければならなかった。

多言語，多宗教のなかでの民族形成

イランから国境を越え，トルコに入ろうとする旅行者の多くがまず最初に足を印すのは，ドウバヤジト Doğubayazıt という町である。このアララト Ararat 山の南の麓に開けた国境の小さな町は，昔から東西のシルクロードを往還する旅人がしばしの休みを求める中継地として賑わっていた。ここで疲れをいやした旅人は，勇を鼓して再びアナトリアを西にめざす旅を続けていくのが常であった。

1071 年，このイランとトルコを結ぶ往還道を同じように西をさして進軍するトルコ系遊牧民の一団があった。イランを支配していたセルジューク朝の一族に率いられたこの遊牧民の軍隊は，エルズルム Erzurum 方面へと向かう幹道を途中で南にそれ，ヴァン Van 湖の北に広がる平原を一路，めざした。

そこで彼らはビザンツ帝国の軍隊を急襲した。史上有名なマンジケルト Manzikert（マラズギルト Malazgirt）の戦いである。この天下分け目の戦いで圧倒的な勝利をおさめたトルコ系の遊牧民は，その余勢を駆ってアナトリアの各地を攻略，ついにイランの王朝とは別にルーム・セルジューク Rūm Saljūq 朝（1075 - 1308）という王朝を建国した。

トルコ系遊牧民による征服活動は，このあと 13 世紀末に勃興するオスマン帝国（1299 - 1922）に引き継がれる。この王朝は，1453 年にビザンツ帝国，1517 年にマムルーク Mamlūk 朝を滅ぼし，1570 年代までにバルカン半島からシリア，イラク，アラビア半島，エジプト，そして北アフリカまでを征服し，広大な領土を有する大帝国に発展していった。

約 500 年という長期にわたって支配していくことになるアナトリア，バルカン，アラブ諸地域において，トルコ系の人たちはいかなる民族形成をおこなっていたのであろうか。また近代以前において彼らはどのような帰属意識をもつようになっていたのであろうか。以下においてはこれについて考えていくことにしよう。

新天地においてトルコ系の人たちが相手にしていかなければならぬ言語，宗教は，前章で述べた中央アジア，イランとくらべると，はるかに複雑である。基本的にはペルシア語とイスラームという二つの要素を取り入れながら自己を変えていった中央アジア，イランのトルコ系の人たちとは明らかに違っていた。

　言語ではギリシア語，アルメニア語，クルド語，南スラヴ系の諸語，アルバニア語，アラビア語，宗教では中央アジア，イランのイスラームとは毛色の違うアラブ世界のイスラーム，そしてアナトリア，バルカンの人びとが信仰する東方キリスト教の諸宗派がトルコ系の人たちの向き合っていかなければならぬものであった。

文化的変容が及ばないアラブ世界

　トルコ系の人たちは，以上のような多言語，多宗教と文化的な摩擦を繰り返しながら先住民のかなりの部分を言語的にトルコ化し，宗教的にはイスラームに改宗させていき，今のトルコ人のもとになるような人びとをつくり出していったと言えるだろう。ただ，オスマン帝国によって征服されたところでもアラブ世界だけは例外的にこのような文化的な影響をまぬがれることが少なくなかった。

　アラブの人たちが使う言葉は，よく知られるように聖典コーランが書きしるされているアラビア語である。その権威は，イスラーム世界でも抜きん出ている。この言葉に対するアラブの人たちの誇りはきわめて高く，このため征服されたあとでも彼らは新たに支配者となった人たちの言葉を受け入れようとはせず，同化される度合いも低かった。

　むしろ言語的にアラブの人たちは，征服者であるトルコ系の人たちに影響を与える方が多かった。オスマン帝国のなかで広く使われるようになる書き言葉，公用語は，ふつうオスマン・トルコ語と呼ばれているが，時が経つにつれてアラビア語起源の言葉が入りこむようになった。この結果，文法的な

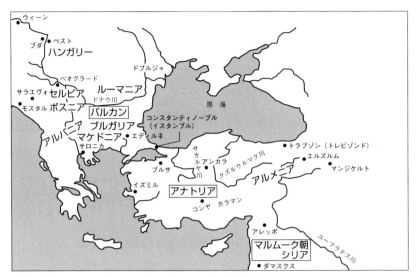

付図Ⅲ　東方キリスト教世界のトルコ＝イスラーム化

骨格はトルコ系の言葉に違いないが，中央アジア，イランにいた時代に取り入れたペルシア語の語彙に加えて，さらにアラビア語の借用語で埋めつくされる非常に特異でアマルガムな言葉ができあがっていったのである。

　宗教の面でもアラブの人たちは，当然のことながらトルコ系の人たちから影響を受けることが少なかった。イスラームの信仰においてアラブの人たちは，トルコ系の人たちよりはるかに先輩であり，与えるものこそあれ，受けとるものはほとんどなかったと言って過言ではなかった。

　トルコ系の人たちは，すでに述べたように中央アジア，イランにおいてスーフィズム（イスラーム神秘主義）の教えに大きな影響を受けていた。しかし，アラブ世界との交わりのなかではこれとは違う，イスラームのなかでもきわめて理性的な分野，すなわち，イスラーム法学，政治思想を積極的に取り入れ，これにもとづいてオスマン帝国をもっとも完成されたイスラーム国家に発展させていったのである。

　結局，文化的にトルコ・イスラーム化が及んだのは，アラブ世界を除くア

ナトリアとバルカンであった。これらの地域に住む東方キリスト教のさまざまな宗派を信仰し，多様な言語を母語とする先住民を，トルコ系の人たちが相手にしていかなければならなかった。この文化的な変容がどのように進んでいったのか，まずイスラーム化の面から見ていくことにしよう。

イコノクラスムから見る東方キリスト教

アナトリアとバルカンは，ビザンツ帝国の治下で東方キリスト教の伝統が脈々と息づいてきた地域である。しかし，東方キリスト教と一口に言うがその中身は，教義，教会組織からみて，実際はすこぶる多様なものからなっていた。

アナトリアの東部では単性説のアルメニア正教会，中央部から西部，そしてバルカンにかけては両性説のギリシア正教会の強い影響下にあった。またバルカンの南スラヴ系の人びとは，ブルガリア正教会，セルビア正教会を別につくっていた。

ブルガリア，セルビアの教会組織は，信仰内容においてギリシア正教会とほとんど違わないが，12世紀にブルガリア，セルビアの両王国がビザンツ

△アナトリア東部にあるアルメニア教会の
　廃墟

ギリシア正教徒▷

イコノクラスム（聖像破壊運動）を描いたビザンツ帝国時代の9世紀初めにギリシア語で書かれた『詩篇』の写本さし絵。磔にされたキリストの十字架像の斜め左下にあるイコンを槍で突こうとするさまがリアルに描写されている。

帝国から政治的に独立するに及んで，宗教的にもギリシア正教会と袂を分かった。さらにバルカンでもボスニアに行くと，いずれの教会組織とも違う異端の宗派が強い力をもっていた。

　ただ，こうした名前を挙げるだけでは東方キリスト教世界がいかなるものか，また教義，組織がそれぞれどのように違うのか，すぐには分かりにくい。そこで，時代を8〜9世紀のビザンツ帝国の時代にまでさかのぼり，その頃起こされたイコノクラスム（聖像破壊運動）という名で知られる宗教運動を見ながら説明していくことにしよう。

　イコノクラスムとは，イコンと呼ばれる木版の聖像画の是非をめぐって両性説のギリシア正教徒と単性説のアルメニア正教徒とのあいだに起こされた宗教的な対立のことである。キリストという存在をイコンの形で描くことが果たして神学的に許されるのかどうか，これが対立の背後にひそむ問題であった。

　両性説に立つギリシア正教徒は，キリストをイコンの形で描くことを是とした。彼らはキリストに神であると同時に人間でもあるという両性的な性格を認めたので，キリストを人として図像的に表現することに何の疑問も抱か

なかった。そして，こうした神学的なキリスト論は民間信仰のレベルになると，極端なイコン崇拝となって現れた。イコンの前に灯明をともしてひざまずき，奇跡が起こるようひたすら願いながら一心不乱に祈りに明け暮れるようなことが蔓延するようになったのである。

　こうしたイコン崇拝の風潮は，単性説のアルメニア正教徒にとって許しがたいことであった。彼らの信念からすると，キリストは神としての性格だけを有する単性的な存在である。人間のごとくイコンに描かれ，偶像として崇拝されることは神に対する冒瀆以外のなにものでもなかった。このため彼らはイコン崇拝に走る両性説のギリシア正教徒を攻撃し，イコン破壊の挙に出たのである。

　このように東方キリスト教世界には単性説系のアルメニア正教会，両性説系のギリシア，セルビア，ブルガリアの三つの正教会，そして異端のボスニア教会があったのである。

イスラーム化の先頭に立つスーフィー

　アナトリアのイスラーム化は，武力征服によっても，また平和的な手段を通じても進められた。11世紀，セルジューク朝の分家といっしょにアナトリアに侵入していったトルコ系遊牧民のうち，アナトリアの東北部地方に拠ってダーニシュメンド Dānishmend 朝という地方政権をつくった者たちがいる。

　この王朝をつくった伝説的な英雄の生涯を叙事詩風につづった『ダーニシュメンド・ナーメ』という書には，ジハード（聖戦）によって多くの教会，修道院が焼き払われ，キリスト教徒がイスラームに強制的に改宗させられた話が数多く載せられている。

　しかしながら，こうした事例はむしろ例外であって実際のイスラーム化は，武力に訴えることは少なく，緩慢に進んだように思われる。トルコ系の遊牧民は，中央アジア，イランにくらべ肥沃なアナトリアにやってくると，

その多くが定住化し、そこでキリスト教徒と通婚した。この結果、自然にイスラーム教徒の人数が増え、イスラーム化が進んだと言われる。

　また、これとならんでイスラームを根づかせていくのに大きな役割を果たしたのが、トルコ系遊牧民よりも遅れ、13世紀になってからイランから移住してきたイスラーム神秘主義を奉じるスーフィーたちであった。

　彼らは出自からいうとペルシア系の宗教者であったが、トルコ系の人たちの圧倒的な帰依を得てメヴレヴィー Mevlevi 教団、ベクターシュ Bektaş 教団などのスーフィー教団をつくっていった。これら教団に属するスーフィーたちが、都市、農村に積極的に入りこんでいくことによってキリスト教徒のイスラームへの改宗が進んでいったのである。

　イブン・バットゥータ Ibn Baṭṭūṭa（1304-68/9）と言えば、有名なアラブの旅行家である。彼の残した旅行記は、14世紀前半のアナトリアの事情をよく伝える史料だが、そのなかには都市において商工業者に影響力をもったスーフィーについての面白い記事がいくつか出てくる。

　たとえば、彼が遍歴した都市には商人、職人の子弟たちが組織する若者組があった。これに所属する青年は、これはと心に決めたアヒー ahi と呼ばれるスーフィーの師匠のもとに出入りしながら、イスラームの倫理や生き方を学んでいた。このようなスーフィーこそアナトリアの諸都市をイスラーム化していく原動力になっていたのである。

　農村にも民衆を教化しようとスーフィーたちが、さかんに先兵として入りこんでいた。とくにベクターシュ教団が熱心であった。彼らはテッケ tekke と呼ばれる修行のための道場をつくり、そこを拠点にイスラームを広めていたのである。

キリスト教の影響を受けたベクターシュ教団

　アナトリアに広まったイスラームは、基本的には中央アジア、イランで発展したスーフィズムの流れをくむものである。

（左）遍歴するスーフィー
（中）メヴレヴィー教団
の創始者ルーミー
（右）ベクターシュ教団の
描いたアリー一族
を表す絵文字

　宗教都市として知られるコンヤ Konya という町は，かつて11世紀から
14世紀初頭までのあいだルーム・セルジューク朝の首都であったところだ
が，13世紀前半以降，中央アジア，イランからモンゴルによる征服の難を
恐れて亡命してきたスーフィーたちの宗教センターになっていた。このよう
な神秘主義者の活動は，オスマン帝国の時代になっても一向に衰えず，アナ
トリアのスーフィズムは，なお，中央アジア，イラン的なそれの圧倒的な影
響下にあったと言っていいだろう。

　しかしながら，キリスト教との接触が進むなかアナトリアのスーフィズム
は，キリスト教からも思想的な影響を受けた。このことは，すでに挙げたベ
クターシュ教団の独特な聖者信仰のなかに現れている。

　ベクターシュ教団の信者たちは，スーフィーの聖者のなかでもアリー 'Alī
という人物を道をきわめた理想の聖者と見なし，彼を篤く尊崇する人たちで
ある。アリーというのは，本来，シーア派イスラームの初代イマーム（指導
者）であって，スーフィズムの教団であるベクターシュ教団とは無関係なは
ずだが，イランとアナトリアとのあいだの長期にわたる宗教的交流の結果，
シーア派からの影響も受け，アリーの生きざまのなかに修行するスーフィー
の極致の姿を見出し，彼への尊敬の念を強めていった。

このかぎりにおいてベクターシュ教団は，シーア派からの影響を強く受けた教団であった。しかし，このアリーをめぐる神学論においてベクターシュ教団は，キリスト教からも強い影響も受けている。それは，キリスト教の有名な三位一体論がかたちを変えて取りこまれたことによく出ている。

　キリスト教では神，キリスト，聖霊が分かちがたく融合して存在するという考え方のもとに三位一体論が組み立てられているが，ベクターシュ教団の教えでは，それはアッラー（神），預言者ムハンマド Muḥammad，そしてアリーがともに分かちがたく融合し，聖なる存在をつくるという考え方に変わっていた。

　アナトリアのスーフィズムに対するキリスト教の影響は，こうした難しい神学的なレベルにとどまらず宗教的な習俗においても進んだと言われている。

　たとえば，キリスト教徒たちが日常的におこなう聖者の墓への参詣，パン，ぶどう酒，チーズを使った聖餐の儀礼，懺悔の習慣といった習俗は，ベクターシュ教団の儀礼にも取り入れられ，それぞれスーフィーの墓への参詣，入会儀礼，スーフィーの前でおこなう懺悔に影響を与えている。

　現在の研究レベルでは，アナトリアのスーフィズムに与えたキリスト教の影響について精緻なかたちで示すことは困難だが，イスラームがキリスト教の教義，習俗を柔軟に取り入れ，またキリスト教徒に対してイスラームがきわめて寛容であったことは間違いのないところである。こうした姿勢がキリスト教徒の警戒心をやわらげ，結果的にアナトリアのイスラーム化を推し進める力になっていったと言えるだろう。

バルカンのイスラーム化

　ところで，オスマン帝国のもう一つの重要な領土であるバルカンではイスラーム化は，どのように進んだのであろうか。次にこれについて見ていくことにしよう。

バルカンのイスラーム化の推進力になったのは，アナトリアと同じように
ジハード（聖戦）とスーフィーの活動であった。これに関して15世紀後半
に集大成された『サルトゥク・ナーメ』という聖者伝に興味ある逸話が伝え
られている。

　それによると，この聖者伝の主人公サル・サルトゥク Sarı Saltık なる人
物は，ベクターシュ教団の創設者ハジ・ベクターシュの弟子であった。13
世紀後半，40人ばかりのトルコ系遊牧民といっしょにバルカンに渡り，異
教徒に対するジハードをおこないながら生涯をかけてイスラームの布教をお
こなったと伝えられている。

　彼とその同志が住みついたのはドナウ川下流，ルーマニアとブルガリアと
の境のドブルジャ Dobruja 地方であった。しかし，その活動の範囲はバル
カンのみならず南ロシア草原，ポーランドにまで及んだと言われる。

　その事績は時が経つにつれて次第に肥大化し，伝説のオブラートにつつま
れていった。キリスト教の修道士の格好をして教会でイスラームを説いたと
か，空を飛べる超能力をもっていたとかの尾鰭がついていったが，このよう
な空想的な話はバルカンをイスラーム化していきたいという民衆の願望の表
れと見ることができよう。

　しかし，こうしたスーフィーの活動を伝える逸話にもかかわらず，バルカ
ンへのスーフィー教団の進出はアナトリアのようにはうまくいかなかった。

　アナトリアで大きな成功をおさめたベクターシュ教団も，民族的なキリス
ト教の教会組織が強固に残っていて，団結心も固いブルガリア，セルビアの
南スラヴ系住民のあいだにはなかなか浸透していけなかった。ただ，アルバ
ニアだけにはその教勢を広げることに成功し，現在，その総人口のうち約7
割がイスラーム教徒であるという状況をつくり出している。

　あと一つ，バルカンのなかでアルバニアと並んで例外的にイスラーム化が
進んだ地域がボスニアである。ここにはアナトリアで力をふるうメヴレヴィ
ー，ベクターシュの両教団とは異なるナクシュバンディー Naqshbandī 教団
という教団が入りこんでいった。この教団の活動によって，オスマン帝国の

領内でももっとも端に位置し，国境をハプスブルグ帝国と接するボスニアの地に現在，総人口のうちの約4割を占めると言われるイスラーム教徒が生み出されていったのである。

　ナクシュバンディー教団というのは，すでに第Ⅱ章で触れたように12世紀の中央アジアに発祥する古い教団である。しかし，バルカンに入ってきたそれはインドのムガル帝国で起こされた改革運動の洗礼を受けた新しい潮流

COLUMN
ドリナの橋

　　ボスニア出身のノーベル賞作家イヴォ・アンドリッチ Ivo Andrić（1892-1975）は故郷を舞台に『ドリナの橋』という大河小説を書いた。題名の橋はセルビアとの国境にかかる。これを建設したのは，この地方の出でシュレイマン1世 Süleyman I（在位 1520-66）のもとで大宰相を務めたソコルル・メフメト・パシャ Sokollu Mehmet Paşa（1505-79）である。アンドリッチは，ボスニアの心の拠りどころとされる，この由緒ある橋を象徴的に小説のなかに取りこみながら，オスマン帝国からオーストリア＝ハンガリー帝国の時代にかけてのボスニアの歴史を雄渾な筆致で描いている。オスマン帝国のバルカン支配を知るのに格好の作品である。

△ドリナの橋
▷イヴォ・アンドリッチ／松谷健二訳『ドリナの橋』恒文社，1966年。

のナクシュバンディー教団であった。この教団内で17世紀後半に起こされた改革運動は，インド洋，ペルシア湾方面の海のシルクロードによってオスマン帝国領のイラク，シリアに波及し，これがイスタンブルを経てボスニアにまで及んだのである。

　オスマン帝国が最終的にボスニアを征服したのは1480年代である。しかし，そこでのイスラーム化は，征服後，一気に進んだわけでなく，かなり長い時間をかけておこなわれた。イスラームが本当にボスニアに定着していくのは，実際には18世紀以降にナクシュバンディー教団の影響が拡大するようになってからと考えた方がどうやらよさそうである。

　バルカンのほとんどの地域がイスラームを受け入れていかなかったにもかかわらず，ボスニアにイスラームが浸透していったのは，改宗以前のボスニアのキリスト教がきわめて特異であったことが一つの理由になっている。それはどのようなものであったのだろうか。

ボスニアの異端キリスト教

　イスラームを受け入れる以前のボスニアの宗教はもともと，ローマ・カソリックであった。歴史的にはビザンツ文化圏だったにもかかわらず，他のバルカンの地域にくらべてギリシア正教が弱かったのは，ボスニアがアドリア海をはさんでイタリア半島に近く，そこからの影響が強かったからである。

　しかし，その信仰の中身は早くからローマ・カソリックのそれから逸脱していた。ラテン語の代わりにスラヴ語で典礼がおこなわれ，また聖職者の妻帯，修道院での男女共住もおおっぴらにおこなわれていた。

　こうした傾向は時を追うとともに顕著になっていった。これに危機感を抱いたローマ教皇は13世紀前半になるとボスニアの教区を直轄とし，フランシスコ会の修道士を送りこみ異端審問をおこなわせ，逸脱の根を断っていこうとした。しかし，このような必死の努力にもかかわらず，ボスニアの異端的傾向には歯止めがかからず，ついにローマから独立したボスニア教会が誕

生した。

　この教会組織の信仰内容には不明なところが多いが，もっとも重要な特徴は二元論的な世界観をもっていたことである。正統なキリスト教神学では世界の創造をすべて唯一なる全能の神に帰するが，ボスニア教会ではこれと異なり創造の根源を二元論的に考える。世界のうち来世については神の創造にかかわるが，現世に関しては悪魔の所業によるとし，それゆえに現世は厭うべきものだという独特な世界観をもっていたのである。

　このようなペシミズムに満ちた異端的な二元論が，どこからボスニアに入ってきたのか大いなる謎とされる。ある人たちは，それがブルガリアで発展をとげた異端的な二元論を説くボゴミール派からの影響だと言い，他の論者は南フランスで流行していたカタリ派，その流れをくむ北イタリアのパタレン派から来たものだと主張している。

　ボスニア教会の信者たちは，教義に関してみずからの手でまったく資料を残さなかった。したがって，その異端的二元論の起源に関してどちらが正しいのか，残念ながら断定することができない。

イスラーム化の理由

　ところで，以上のような独特なキリスト教信仰をもつボスニアがイスラーム化していった理由は何だったのだろうか。これについては経済的，宗教的，二つの面から考えていく必要がある。

　1992 年から 95 年まで続いたボスニア内戦の報道から日本人が受けるイスラーム教徒に対する一般的な印象は，彼らがセルビア人，クロアティア人によって迫害されてきた弱者であるというイメージかもしれない。

　しかし，実際のところ，経済力だけにかぎって言うと，昔から今に至るまでイスラーム教徒の立場は決して弱いものではなかった。オスマン帝国の時代においてボスニアの社会で豊かな農民，地主であった人の多くはイスラーム教徒であった。これに対して貧しく，小作人として働かなければならなか

ったのは，むしろセルビア正教徒，クロアティア・カソリック教徒の方に多かったと言われる。

　こうした事実を踏まえると，はるか昔におこなわれたボスニアのイスラーム化の裏にはどうも経済的な打算が強く働いていたと考える方がよさそうである。キリスト教徒の在地有力者のなかには，オスマン帝国の征服後も自分たちの領地をできるだけ有利な条件で安堵してもらって，土地の所有権を確保していきたいと思う者が多く，これがおそらくイスラームへの改宗につながっていったのではないかと思われる。

　しかし，こうした経済的な動機だけから改宗の理由を考えていくのは一面的すぎるだろう。ピンソン Mark Pinson というアメリカの学者は，ボスニアがイスラーム化した理由を考えていくとき，そのキリスト教信仰のあり方のなかに問題点を探り，そこから理由を見出していくことが重要だと主張している。

　彼が言うようにオスマン帝国が征服する直前のボスニアのキリスト教は確かに多くの弱点を抱えていた。それは，第一に支配層と民衆とのあいだの越えがたい信仰上の乖離として表れていた。ごく一握りの支配層は，民衆から忌み嫌われていたカソリックに執着し，異端的二元論を弾圧していた。これに対する反感が極限にまで達していたのがボスニアの状況であった。

　二番目の弱点は，異端的二元論の教義的なあいまいさであった。ボスニアの民衆は，カソリックに対する反感のなかから二元論的信仰にひかれていったが，それは決して体系化されたものではなく，土俗信仰と混淆した不明確なものであった。

　そして第三の弱点は，教会組織の弱さである。異端的二元論を信仰する人たちは教会をあまり多くつくらず，その活動を世の中から遊離した修道院でおこなうことが多かった。このため，他の宗派にくらべると求心力が弱く，組織として自己を強く主張できなかった。

　要するに，ボスニアのキリスト教は，教義，組織などいずれの点から見ても確固たる一枚岩の状態にあるとは言いがたく，これが他のバルカンの地域

とくらべて比較的容易にボスニアにイスラームが入りこむ原因になっていったと考えることができる。

アナトリアで進展するトルコ化

　以上，長々とイスラーム化について述べてきたが，もう一つの重要な文化変容の側面であるトルコ化はどのように進んでいったのであろうか。

　これに関しては残念ながら実は，あまりはっきりしたことを言うことができない。そこで，ここではこの問題をイスラーム化との関係にしぼって，ごく一般的な事柄を指摘しておくにとどめておこう。

　トルコ化とイスラーム化という二つの文化変容が，アナトリアとバルカンにおいてそれぞれ対照的なかたちをとって進んだ。アナトリアではもちろん例外もあったが，およその傾向としてトルコ化とイスラーム化は，同時進行でおこなわれていった。ギリシア系，アルメニア系の人たちがトルコ化していく場合，彼ら固有の信仰である東方キリスト教に代えてイスラームに改宗していくのが普通であった。

　これに対してバルカンではトルコ化，イスラーム化が同時におこなわれていくことはまずほとんどあり得なかった。そもそもトルコ化していく者の数がバルカンではきわめて少なかった。ブルガリアのように現代でもかなりの数のトルコ系住民を抱え，それが少数民族問題となって表面化しているところもあるが，これらの住民については南スラヴ系の人たちがトルコ化したと考えるより，むしろ征服の過程でブルガリアに入っていったトルコ系遊牧民の末裔であると考える方がどうもよさそうである。

　バルカンにおいてトルコ化はほとんど進まなかったが，イスラーム化についてはすでに述べたようにアルバニア，ボスニアにおいてかなり進んだ。しかし，その場合でもイスラームに改宗した人たちがトルコ化のシンボルであるトルコ語を受け入れることは，ほとんどなかったと言っていいだろう。ボスニアのイスラーム教徒が今でもセルボ＝クロアティア語を使っていること

は，その何よりの証しである。

アナトリアの場合，繰り返しになるが，バルカンと違いトルコ化，イスラーム化は抱き合わせでおこなわれていった。しかし，トルコ化とイスラーム化が重ならない場合もないわけではなかった。カラマンル Karamanlı と呼ばれる人たちがその典型である。

カラマンルとは，アナトリアの内陸中央部，かつてルーム・セルジューク朝の首都であったコンヤ Konya の南に広がるカラマン Karaman 地方に住む人たちのうち，言語的にはトルコ語を使うが，宗教的にはギリシャ正教徒という両棲的な性格をもつ人たちのことである。

彼らの起源に関しては二つの相対立する説が出されている。第一はトルコ起源説である。ルーム・セルジューク朝がアナトリアに建国されるよりもはるか前に，ビザンツ帝国の領内に入って傭兵として仕えていたトルコ系の人たちのうち，言葉はそのままで宗教だけをギリシア正教に改宗した者がカラマンルになったというのである。

これに対して第二の説は，正反対のギリシア起源説をとる。それによると，カラマンルは，もともとギリシア人であったが，ルーム・セルジューク朝，オスマン帝国に征服される過程で言葉だけをトルコ語に変え，宗教は昔どおり，ギリシア正教を守り通した人たちだと考える。

この二つの説の対立は，実は単なる見解の相違で片づけることのできない重要な問題をはらんでいる。近代になって先鋭化してくるトルコとギリシアのナショナリズムの衝突がその背後にあり，カラマンルをそれぞれの側に取りこもうとして以上のような説が主張されているのである。

宗教別につくられたミッレト

16世紀の前半，オスマン帝国が最盛期を迎える頃までにトルコ・イスラーム化の進展によって今のトルコ人のもとになるような人びとが多数，形成された。

トプカプ宮殿（岬に広がる白い建造物）とアヤ・ソフィア寺院（右のドーム）

　トルコ化の統計的な状況を示すことはできないが，イスラーム化について
は1520〜35年に作成された納税台帳からおよその割合を推定することがで
きる。それによると，アナトリアは約90％がイスラーム教徒によって占め
られ，これに対してバルカンでは19％弱しかイスラーム化を達成できなか
ったようである。

　この宗教別の推計が示すように，近代以前のオスマン帝国においては領内
の臣民を徴税，軍事奉仕などの目的で掌握していく場合，あるいはより一般
的に人を識別していく場合において，言葉の違いはあまり問題にされなかっ
た。

　オスマン帝国が重視したのは，言葉の違いではなく宗教の違いであった。
イスラーム教徒であるのかどうか，イスラーム教徒でない場合はキリスト教
徒か，ユダヤ教徒かということに大きな関心がはらわれた。キリスト教徒の
場合にはさらに念が入っていて，ギリシア正教徒，アルメニア正教徒，セル
ビア正教徒，ブルガリア正教徒などの違いまで厳密に区別されたのである。

　このように宗教，宗派によって人を識別し，それらの人びとをそれぞれの
宗教共同体に組織し，支配していくというのがオスマン帝国における行政の
基本方針であった。この結果つくられたのが，有名なミッレトと呼ばれる宗
教共同体の制度である。

ミッレトというのは，分かりやすくたとえるならば日本の江戸時代における宗門人別制度のようなものである。人びとは，オスマン帝国の臣民であるとともに，もう一つ別に宗教，宗派によって決められた所属先をもつ。これがミッレトと言われるものだが，これはそれに所属する人びとにとってきわめて重要な共同体であった。

　というのは，出生からはじまり結婚，死亡に至るまでの人間の一生のサイクルのなかで起きるさまざまな民法的な事柄に関しては，オスマン帝国という国家の手をわずらわすことなく，共同体の内部で自主的に処理できる権限をミッレトは認められていたからである。土地税の徴収，重大な犯罪の処罰といったような問題には関与できなかったが，日常的なことについては自分たちの法，慣習にしたがって処理することができた。この意味でオスマン帝国領内に住む人たちにとってミッレトは，国以上に重みをもつものであった。

　イスラーム教徒であるトルコ系の人たちが所属しなければならなかったのは，当然のことながらイスラーム教徒たちがつくるミッレトである。これには言葉は違うが，同じイスラームを信仰するアラブ，クルド，アルバニア，ボスニアのイスラーム教徒も所属し，全体として一つの宗教共同体をつくっていったのである。

イスラーム教徒としての意識の強さ

　ただ，イスラーム教徒たちが目に見えるかたちで機能するミッレトを実際につくっていたかどうかについてはいろいろ議論があるところである。キリスト教徒のギリシア正教会の場合だと，コンスタンティノープル総主教座を頂点にして教会組織のヒエラルキーが縦にきちっと存在しており，ミッレトもそれにしたがってつくられていた。

　しかし，イスラーム教徒の場合，そもそもウラマーと呼ばれる宗教者たちは教会組織にあたるものをつくらないのを原則としていた。このため，イス

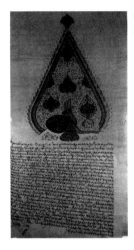

行政語として不動の地位を確立したオスマン・トルコ語で書かれた勅令

ラーム教徒たちが果たして共同体の実を備えたミッレトをつくっていたかどうか，疑問視されている。

　また，同じイスラームといってもアナトリアの東部地方にはシーア派に近い考え方をする人たちもたくさんいた。さらにスンナ派の内部でも考え方が微妙に違う四つの法学派に分かれていた。こうした点を考えに入れると，イスラーム教徒のミッレトが一枚岩のようにして存在していたとは考えにくいところもある。

　このようにイスラーム教徒のミッレトが存在したかどうかに関しては問題がある。しかし，たとえイスラーム教徒のミッレトが実体のある宗教共同体ではなかったにしても，理念的な面でそれが人びとの心の支えになっていたことだけは否定できないだろう。

　近代以前におけるオスマン帝国のトルコ系の人たちが心の底から一体感をもつことができる集団は，イスラーム教徒のミッレトが実体的な組織であったかどうかは別として，このような宗教共同体であった。

　彼らが話す言葉，また，書き言葉としてのオスマン・トルコ語は，オスマン帝国のなかでのトルコ化の進展に応じて支配的な言語になっていた。しか

しながら，近代以前のオスマン帝国において言語というものは，彼らのあいだに帰属意識（アイデンティティ）を生み出す力をもっていなかった。

16世紀前半の帝国の最盛期までにオスマン・トルコ語が，表現力の豊かな洗練された文語となり，これを使ってスルタンの勅令，勅許状，宮廷での御前会議の記録が書かれ，行政語として帝国内で不動の地位を確立したことはまぎれもない事実である。

しかし，オスマン帝国は，この支配者の言語を帝国内のほかの言語使用者たちに押しつけようとはしなかったし，閉鎖的，排他的な集団を帝国内につくっていこうともしなかった。

トルコ系の人たちにとって何よりもまず優先しなければならぬのは，イスラーム教徒としての意識であり，信仰を同じくするアラブ，クルド，アルバニア，ボスニアのイスラーム教徒たちと宗教共同体をつくっていくことであった。

近代以前のオスマン帝国では，言語にもとづく帰属意識はきわめて希薄であり，これにもとづく人のまとまり，集団もまだ生まれていなかった。これは前章で述べた中央アジア，イランとまったく同じ状況である。トルコ系の人たちが言語を拠りどころにして民族というものを意識してくるようになるには近代を待たねばならなかったのである。

オスマン帝国臣民の帰属意識

　オスマン帝国は，トルコ民族がつくったイスラーム国家である。しかし，その統治下にある非ムスリムは，支配者の言語，宗教を強制されず，ミッレト制のもとで自分たちに固有の文化，伝統を維持することができた。彼らにとって国としてのオスマン帝国は必ずしも絶対的な存在でなく，それに対する帰属意識，忠誠心も弱かった。同じことは支配者であるトルコ系の人びとにも当てはまる。彼らは民族を重視せず，イスラーム共同体の一員，ムスリムであることに誇りをもっていた。

∗ 第IV章 ∗
未完のトルキスタン国家

　中央アジアには現在，カザフ，キルギズ，ウズベク，トルクメン，タジクの五民族が住み，それぞれの名を冠した国がある。しかし，帝政ロシアの支配下にあった19世紀末，中央アジアに住む人びとのあいだにはもう少し広い「トルキスタン人」という意識も芽ばえていた。このような民族概念がロシア革命とその後における社会主義化のなかで次第にしぼんでいくさまを見ていくことにしよう。

近代におけるトルコ民族世界のナショナリズム

　前章までから分かるように，中央アジア，アゼルバイジャン，アナトリアに現在住んでいるトルコ系の諸民族は，モンゴル高原からシルクロードに沿って民族移動を起こし，住みつくようになった遊牧民の末裔である。彼らは現在，カザフ人，キルギス人，ウズベク人，トルクメン人，アゼルバイジャン人，トルコ人といった民族名でもって呼ばれている。ところで，これらトルコ系の諸民族が，今あるような民族のかたち，名前をとって姿を現すのは，近代もだいぶ過ぎてからのことである。それ以前においてトルコ系の人たちは，すでに第Ⅱ，Ⅲ章で述べたように，各地域において民族とは異なるさまざまな大小の集団をつくっていた。しかし，それらはイスラームという宗教にもとづくものであったり，地縁，血縁に発するものであったり，そこに身を置く人たちの意識も今あるような民族の意識とはかなり違っていた。

　以下においては，中央アジア，アゼルバイジャン，オスマン帝国に住むようになったトルコ系の人たちが，近代を迎え，それぞれの地域において現在見られるような民族という集団をどのようにつくり出すようになったのか，そのプロセスを考えていくことにしたい。

　トルコ系の諸民族が住む世界は，19世紀に入ると帝政ロシア，ヨーロッパ諸国の経済的，政治的な侵略，攻勢にさらされるようになった。これに対抗してトルコ系の人たちは，それぞれの地域の実情に応じて民族という新しい人間集団をつくり，国家をつくり出していこうとした。

　その際，民族としての意識を高め，また経済的にも政治的にも統合が進む近代の社会においてコミュニケーションの手段として十分に通用する言語が痛切に求められるようになった。民族への帰属意識は，さまざまな文化の諸要素が複雑にからみあってつくり出されるものだが，なかでも近代になってもっとも重要な役割を果たすようになるのが言語である。

　言語を核にした文化的なナショナリズムが，トルコ民族世界を構成する三つの地域でどのようにして起きてくるのか。そして，それらの動きが政治的

なナショナリズムにどのように転化し，結果として現代にどのようにつなが
ってくるのであろうか。

　最初に19世紀からロシア革命前後の頃までに起きた中央アジアにおける
文化的，政治的ナショナリズムを取り上げ，それがソ連邦崩壊の過程でよみ
がえってくる民族主義の復興という状況のなかでトルコ系の人たちのナショ
ナリズムが，どのように変質したのかを見ていくことにしよう。

　中央アジアというと，今あるカザフ，キルギス，ウズベク，トルクメン，
タジクといった民族の枠組みをあたかも自明の前提のごとく考えている人が
多い。しかし，ここではそうした既成の観念にとらわれずにそもそも，それ
らの民族概念がどのようにして生まれてきたのか，それ以外の民族の概念が
あったのか，なかったのかを初心にたちかえって考えていくことにしよう。

帝政ロシアの征服と支配

　帝政ロシアによって征服されるまで中央アジアを支配していたのは遊牧民
の首長＝ハンが支配する次の三つの王朝であった。第一はシル川流域と天山
山脈北麓からバルハシ Balkhash 湖にかけての地域を支配するコーカンド・
ハン Kokand Khan 国，第二は，ザラフシャン Zarafshan 川流域の肥沃なオ
アシスに拠りながらアム川の上・中流域までを支配したブハラ・ハン
Bukhara Khan 国，そして第三が，アム川下流域のホラズム Khorazm 地方
に勢力をはっていたヒヴァ・ハン Khiva Khan 国である。

　これら三つのハン国が割拠する中央アジアに帝政ロシアの南進策が及んだ
のは1860年代半ばである。ウラル方面のオレンブルグ総督府，西シベリア
総督府からそれぞれ進発した遠征軍は，最初にコーカンド・ハン国の領内に
攻め入り，1865年にタシュケント，1867年にはアルマトゥ（旧アルマアタ）
を征服，これによってコーカンド・ハン国の大半の領土を併合した。

　ついで1868年にブハラ，1873年にはヒヴァの両ハン国に対する征服がお
こなわれた。しかし，この二つの国に対する扱いは，コーカンド・ハン国の

付図IV
近現代の中央アジア

出所：宇山智彦
『中央アジアの
歴史と現在』東
洋書店，2000年

場合とは違った。ブハラ・ハン国の場合，サマルカンドを中心とする地域，
ヒヴァ・ハン国の場合はアム川下流域の東岸地方をそれぞれ割譲することを
余儀なくされたものの，残された領土の支配は旧来どおり認められ，法的に
は植民地ではなく保護国とされた。

　さらに1876年になって，わずかにフェルガナ Farghāna 盆地で余命を保
っていたコーカンド・ハン国に対して再度の攻撃がおこなわれ，これが征服
された。そして，最後まで残るトルクメンの遊牧地域に対する遠征が敢行さ
れ，1881年，この地域も帝政ロシアの軍門に降った。

　かくして，帝政ロシアの中央アジア支配は，これ以降，直轄統治と間接支
配という二つのかたちをとっておこなわれていくことになる。保護国より重
要だと見なされた直轄地は，トルキスタン総督府の管轄下に置かれた。タシ
ュケントに駐在する軍人の総督が五つの州に分けられた地域の民政にも権力
をふるうシステムがここにできあがったのである。

クリミア・タタール出身の先覚者

　トルコ系の人たちの民族意識は，彼らに対する帝政ロシアの政治的，経済的支配が進み，それがさらに言語，文化レベルでのロシア化，キリスト教化へとエスカレートするに及んで急速に高揚した。このような危機感に支えられた民族意識の高まりは，中央アジアよりも数世紀はやく帝政ロシアによって征服されていたヴォルガ川流域やクリミア半島のトルコ系のタタール人社会に最初に現れた。

　この改革運動は非難のつぶてを帝政ロシアに対して直接，投げつけるというものではなかった。むしろ帝政ロシアの植民地支配，近代ヨーロッパ文明に対して適切な対応ができないでいるイスラーム社会の保守性，頑迷固陋なウラマーと呼ばれる宗教者たち，そして時代に合った教育を用意できないでいるマドラサ madrasa（神学校）やクッターブ kuttab（寺子屋）に対する内部からの批判という形をとっておこなわれた。

　この改革運動の先頭に立って活躍したのは，クリミア・タタール出身のガスプラル Gaspıralı（1851-1914），ロシア風にガスプリンスキーと呼ばれる人である。彼はモスクワの士官学校を卒業した後，フランス（1871-75），次いで近代化が進むタンジマート Tanzimat 末期のオスマン帝国（1875-77）に留学した。帰国後，1877 年から 82 年にかけて故郷クリミア半島のバフチェサライ Bahçesaray という町の市長を務めるが，この頃から教育，言語の改革運動に熱心に取り組むようになる。

　彼はまず教育の面において昔からイスラームの諸学校でおこなわれてきたカリキュラムと言語教育のあり方に痛烈な批判を浴びせかけた。近代に向き合うことになったイスラーム教徒は，宗教的なイスラームの学問を勉強するだけでいいのか，もっと時流に即したヨーロッパ的，世俗的な科目を取り入れていくべきではないのか。これが第一の批判であった。

　また，言語教育を宗教的な学問を学んでいくのに必要なアラビア語の勉強だけにいつまでも限定しておいていいのだろうか，中央アジアの人びとにと

◁教育・言語の改革に取り組んだクリミア・タタール出身のガスプラル

帝政ロシアと保守的ウラマーに迫害されるガスプラル（当時の新聞の風刺画）▷

っては所詮，外国語にすぎないアラビア語の学習にいたずらに時間を割くより，むしろ母語であるクリミア・タタール語を小さいときから子供たちに徹底的にたたきこみ，これにもとづいて世俗的な学問を身につけさせていくべきではないか。これがガスプラルという人の，口をすっぱくして説いた点であった。

　彼はこの改革を実行していく場としてクッターブに着目した。イスラーム教育の牙城，最高学府ともいうべきマドラサには保守的なウラマーが居座っていて抵抗が強い。これに対して本来，コーランの暗記，読み書きといった初等教育をやる場であるクッターブでは，比較的，改革に対する風当たりが小さい。このためそこで母語にもとづく世俗教育をおこない，改革の風穴をあけていこうとしたのである。

中央アジアに波及するジャディードの運動

　このクッターブではじまった教育改革運動は，ふつう，ジャディードjadid という言葉が前につけられて呼ばれることが多い。ジャディードという言葉はもともと「新しい」という意味を表す形容詞だが，新しい理念と方

法にもとづく教育改革の運動を古いタイプの教育と区別するためにこのように呼んだのである。

　ジャディードの運動は，クッタープの枠だけでなく上級の学校と考えられていたマドラサの教育の仕方にも影響を与え，その存在を脅かすようになっていった。地域的にもクリミア半島からヴォルガ川流域のトルコ系社会に伝わり，さらにそれは中央アジアにも波及していった。

　これをもちこんだのはヴォルガ川流域にいたタタールの商人だと言われている。彼らはのちに触れる綿花貿易などを通じてロシア内地と中央アジアとのあいだを足しげく往来し，また家族をともなって中央アジアの町に住みつくようになっていた。最初は自分の子弟を教育していくためにジャディードの学校をつくったが，20世紀に入ると，中央アジアの人びとのあいだにもこれが浸透していったのである。

　ジャディードの学校がこのように広がっていった裏には，マドラサにおける旧弊な教育，ウラマーの頑迷固陋な態度に対する人びとの嫌悪が働いていた。これがどのようなものであるのか，近代の中央アジアが生んだ最高の文学者の一人に数えられるアイニー 'Aynī（1878-1954）の回想録によって見ることにしよう。彼はペルシア系のタジクの出身で，ブハラにあるミール・アラブ Mīr 'Arab 神学校で学んだことのある人である。

　ところで，中央アジアにおける学問，教育は，中世以来，ほかのイスラーム世界の諸地域とは一味違うユニークさで知られていた。コーランとハディースの解釈，それにもとづく法学（シャリーア）の研究，教育が中心にすえられていたのは当然だが，それに加えてアリストテレスやプラトンのギリシア哲学，なかでも形而上学の伝統を継承するイスラーム・スコラ学の比重がきわめて高かったのが中央アジアの学問，教育の特徴であった。

　イブン・シーナー Ibn Sīnā（980-1037）と言えば，誰一人として知らぬ者のない有名な学者である。この中世イスラーム哲学史上に燦然と輝く，ブハラ近郊に生まれた哲学者を頂点にいただく学統を脈々と引き継ぐのが中央アジアのマドラサ群であり，その要に位置するのがブハラのミール・アラブ

神学校であった。

　この学校は，19世紀前半まで中央アジアのみならず，帝政ロシア領内のヴォルガ川流域地方，北カフカス，そして西北インド，東トルキスタンからも多数の学生を集めていた。いわば中央ユーラシアのスンナ派イスラーム世界における学問，教育のメッカとも言うべき存在であった。

　しかしながら，アイニーがミール・アラブ神学校に入学した1890年頃，この学校はかつての清新の気風，栄光を忘れたかのように形式主義，権威主義に毒され，沈滞しきっていた。これが彼に深い幻滅を味わせたのである

堕落するミール・アラブ神学校

　アイニーの批判は，教育内容と言語教育，二つの面に及んでいる。ミール・アラブ神学校の研究と教育は，イスラーム法学と形而上学の二つを柱にしておこなわれていた。これの奥義をきわめるための古典中の古典は，前者については12世紀に書かれたハナフィー Ḥanafī 派（スンナ派の法学派）の法学書『ヒダーヤ・イ・シャリーフ』，後者については11〜12世紀の形而上学者が著した『アカーイド』という書物であった。

　しかし，これらの本はブハラの神学生にはあまりに難しすぎた。内容もさることながら書かれている言葉，アラビア語に問題があったからである。彼らの母語は，何度も言うようにトルコ系の諸語かペルシア系のタジク語であった。外国語としてのアラビア語をイロハからはじめなければならないことは彼らにとって相当，辛いことであった。

　だが，その辛さはアラビア語の難解さにもよっていたが，アイニーから見ると学習法のまずさに由来していた。いたずらに文法書の細部に拘泥し，字句の解釈と無益な議論に終始していた。たとえば，ある有名な措辞論の注釈書の場合，1年間に多くても10行しか進まなかった。どんな言語でも習得するのに文法程度なら2年間もあれば十分なはずなのに，この神学校では実に8年間も費やすという無駄なことをやっていたのである。

近代の中央アジアが生んだ最高の文学者の一人アイニーと現
在のミール・アラブ神学校（ブハラ）

　アラビア語がなんとか読めるようになった後でも別な問題があった。それ
は教育方法が訓詁の風にどっぷり染まっていたことである。イスラーム法学
でも形而上学でもひたすら注釈書に頼り，それを丸暗記し，鵜呑みにするば
かりで自分の頭で原典に立ち戻って柔軟に考えていくことがなかった。これ
がミール・アラブ神学校の悲しむべき現実であった。

　アイニーは，この形式主義，権威主義を厳しく糾弾した。しかし，これだ
けが彼の批判する点ではなかった。これ以上に彼を落胆させたのは，進取の
気象に乏しい神学校の体質であった。帝政ロシアの支配下に組みこまれた中
央アジアは，よきにつけあしきにつけ教育内容と方法を新しい時代の流れに
合わせていかなければならなかった。マドラサ教育のなかにも近代科学とロ
シア語の教育を取り入れていく必要があった。しかし，マドラサは，これに
対して一貫して頑なに拒否の姿勢を取り続けた。

　たとえば，イブン・シーナーの再来と言われ，近代の中央アジアが生んだ
最大の啓蒙思想家と言われるアフマド・ダーニッシュ Aḥmad Dānish（1827
－97）という学者の進歩的な思想は，神学校の教師から白眼視され排斥され
た。このようなウラマーの保守的，反動的な姿勢を端的に示すのがアイニー
が実際に体験した次のようなミール・アラブ神学校における出来事である。

それは，ロシア語に親近感を寄せ，その学習に熱心であったトゥラブ Tūrāb という名のウラマーの排斥事件であった。彼はしばしば，ロシア語の勉強のためブハラから帝政ロシアの直轄領であるサマルカンドに出かけていた。これを心よく思わぬ仲間は，ある時，トゥラブがサマルカンド旅行からキュッキュツときしむ音のする皮の短靴を持って帰ってきたのをとがめてこれを誹謗した。

　彼らは，歩くたびに靴からきしむ音が出るのはロシアの靴職人が底にイスラーム教徒のもっとも忌み嫌うブタの毛を縫いこんだからに違いないと言いふらした。そして，これを理由にトゥラブという，時代を先取りしていたウラマーに無実の罪をきせ，神学校から追放してしまったのである。これはアイニーにとって合点がいかぬショックな事件であった。

　結局，彼はこれに示されたミール・アラブ神学校の保守性に嫌気がさし，勉学中途で学校をやめてしまう。こうしたことはアイニーだけに特別なことではなかった。ほかの多くの若者も同じように古い教育にしがみつくマドラサに見切りをつけ，当時，隆々たる勢いで広がっていた新教育の流れに身を

COLUMN
イスラーム世界の神学校

　　コーラン，ハディース，神学，法学などのイスラーム諸学を教授するマドラサが出現するのは，12 世紀以降のことである。セルジューク朝の宰相ニザームル・ムルクがバグダード Baghdad につくった学校がその最初とされる。その後，主要な都市に相次いで設立されていった。スンナ派ではカイロのアズハル Azhar 神学校，イスタンブルのファーティフ Fatih 神学校がよく知られる。また，シーア派ではイラクの聖地ナジャフ Najaf とカルバラー Karbalā'，イランのゴム Qom につくられた神学校が有名である。アイニーが学んだミール・アラブ神学校もこれらと肩をならべる中央アジアにおける最高学府として知られる。

まかせ，夢を託していこうとしたのである。

パン・トルコ意識を生む共通トルコ語

クッターブを拠点に起きたジャディードの教育改革運動は，時が経つにつれ，次第に学校という枠をはずれ，社会変革をめざす多方面にわたる運動に発展していった。次にそれらの動きのなかでも言語改革に的をしぼり，それと民族意識形成の問題，文化的ナショナリズムとの関係をみていくことにしよう。

トルコ系の人たちが自分たちの言語を見直し，それから民族とは何かという問題を真剣に考えるようになるのは1880年代以降のことである。その芽はすでに幾度か触れたガスプラルの教育改革運動に現れていた。彼はクッターブという学校において母語であるクリミア・タタール語を使って子供たちを教育していく重要性を説いたが，この主張のなかに言語改革への芽ばえがあったのである。

学校教育のレベルでは当初，教師と生徒，あるいは生徒同士がたがいにコミュニケーションをはかる口語教育に重きが置かれていた。しかし，教育改革が軌道に乗ってくると，より豊かな表現手段を求めて文語の確立を望む声も高まってきた。

こうしたなかガスプラルはクリミア・タタール語と，文語としてはもっとも完成度が高いと見なされていたオスマン帝国の文語を合成し，トルコ系の人なら誰でも理解でき，書くことのできる共通の文語，規範的な文章語を創出しようとした。また，この新しい文語を広め，定着させるため1883年から『テルジュマン（翻訳者）』という新聞を発行した。

この文語は，「ボスポラス海峡の船頭からカシュガルのラクダ曳きまで」という有名なキャッチフレーズが示すとおり，広大なユーラシア各地に住むトルコ系の人たちすべてが理解できることをめざしたもので，ふつう「共通トルコ語」という名前で呼ばれている。

この共通トルコ語をつくり出そうとする動きは，たんに言語改革の点だけから重要なのではなかった。むしろそれ以上に大事なのは，共通の文語をつくり出すことによって少なくとも帝政ロシア支配下のトルコ系の人びとのあいだに同じ民族としての意識，一体感を生み出していこうとする意図が秘められていたことである。

トルキスタン人意識はチャガタイ・トルコ語から

　このような共通トルコ語運動から出てくるトルコ民族意識，パン・トルコ主義は，ジャディードの教育改革運動と同様，クリミア半島からヴォルガ川流域地方を経て中央アジアにも影響を及ぼした。しかしながら，そこに住むトルコ系の人たちにとってこの新しい文語と民族意識はすんなりとは受け入れられなかった。

　というのは，何度も述べたように彼らにはティムール帝国以来の伝統を有するチャガタイ・トルコ語という立派な文語がすでにあり，なにも共通トルコ語によらなくとも民族としての帰属意識（アイデンティティ）をもてる自信があったからである。中央アジアという地域に根ざしたチャガタイ・トルコ語にもとづいて独自の民族意識を育てていこうというのが彼らの考え方であった。

　こうした思想と行動はトルキスタン・ナショナリズムと言われるが，これからトルキスタン人としての民族的なまとまりを訴えていくジャディードの流れを引く知識人，活動家がロシア革命の時期をはさんで中央アジアの各地に現れてくるようになる。このような人たちのなかで言語の面からきちっとした民族観を提示したのが前述したアイニーの親しい仲間であるフィトラトFitrat（1886 – 1938）という人である。

　フィトラトは商人の子としてブハラに生まれた。地元で伝統的なイスラーム教育を受けるが，ジャディードの改革運動に共鳴，1910～14 年，オスマン帝国の首都イスタンブルに留学した。帰国後数年してロシア革命が起き，

言語の面からの民族観をしめしたフィトラト（中央）

これと前後して活発になった青年ブハラ人の運動に身を投じた。しかし，
1918年，ブハラ・ハン国の支配者に対する蜂起が失敗すると，やむなく帝
政ロシア領トルキスタン総督府の首都タシュケントに亡命した。

　フィトラトの言語改革運動が本格化するのは，この亡命先においてであっ
た。彼はそこでチャガタイ談話会という文芸サークルをつくり，中央アジア
で広く文語として機能してきたチャガタイ・トルコ語の見直しに取り組むよ
うになったのである。

　彼の言語的な関心は，昔のチャガタイ・トルコ語にそのまま回帰するとい
うことではなかった。アラビア・ペルシア語起源の難解な言葉を，生きた口
語のなかで使われている語彙にできるだけ置き換え，文章の構造も修飾の多
い複雑なものから単純明快なものにしていこうとした。一言で言えば，口語
からできるだけ多くの語彙，言い回しを取り入れながらチャガタイ・トルコ
語をやさしく組み立てなおし，トルキスタン人意識を高揚させていこうとし
たのである。

民族の叙事詩『アルパミシュ』

　こうした一連の動きは，中央アジアに昔から口承文学の形で語り伝えられてきた民族叙事詩（デスタン destan）の採集と集大成によってもさらにはずみがつけられた。

　カザフ，ウズベクの遊牧民のあいだにはモンゴル高原西部，アルタイ山脈地方に起源をもつと言われる『アルパミシュ』という民族叙事詩が吟遊詩人たちの口を通して代々，伝承されていた。この叙事詩は，ウズベク部族のあいだで英雄として広く知られるアルパミシュなる人物が，美しく可憐な乙女バルチンをめぐってウズベクの仇敵で，異教徒でもあるカルムイク Kalmyk の族長と相争う話が主要な筋をなしている。このような民族叙事詩が，チャガタイ・トルコ語で文字化され，出版されるようになったのである。

　アメリカで活躍するトルコ学者パクソイ Paksoy H. B. によると，最初に『アルパミシュ』をチャガタイ・トルコ語でまとめたのは，トルキスタン総督府の役人をしていたアブー・バキル・アフメジャン・ディーヴァーイー Abū Bakir Ahmejan Dīvā'ī という人であった。彼は，もともとオレンブルグに生まれたトルコ系のバシキール人であったが，総督府に勤めるようになってからトルコ系遊牧民のところをたびたび訪れ，精力的にその口承文学を集めて回った。そして，1901 年，タシュケントでチャガタイ・トルコ語版の『アルパミシュ』を上梓したのである。

　このように民族叙事詩を集大成していこうとする努力は，その後も別の人によって続けられた。1923 年になると，ガージー・アリム Gazi 'Alim という人によってまったく違うチャガタイ・トルコ語版『アルパミシュ』が同じタシュケントで出版された。これは二人の吟遊詩人がそれぞれ別々に語ったものをつなぎ合わせて一本にしたもので，アルパミシュ研究をさらに一歩，前進させるものであった。

　そもそも民族叙事詩なるものは，それを語り伝えてきた人びとの精神，感情をもっともよく表すものである。中央アジアのトルコ系の人たちは『アル

チャガタイ・トルコ語でまとめられた民族叙事詩『アルパミ
シュ』（ディーヴァーイー版）

パミシュ』がチャガタイ・トルコ語でまとめられたことにより，これをたん
なる特定の部族，町，村に住む人たちの弾き語りの伝承だけとしてとらえな
いようになった。トルキスタン人というある種の幻想ともいえる民族を生み
出していく記憶装置として考えるようになっていったのである。

ロシア市場に直結する中央アジアの綿畑

チャガタイ・トルコ語の見直しによるトルキスタン人意識の覚醒という文
化的ナショナリズムは，中央アジアがロシア革命に巻きこまれていくなかで
急激に政治化していく。これはどのように進行していったのであろうか。以
下においてはその背景をなす経済構造の変化をおさえながら見ていくことに
しよう。

中央アジアが大きく変わるきっかけを与えたのは，はるか遠くアメリカで
おきた南北戦争（1861-65）であった。当時，綿花の最大の輸出国であった
アメリカで内戦が起きると，綿花の供給がストップし，世界の市場は混乱し
た。これは1860年代初頭においてイギリス，アメリカ，ドイツに次ぐ綿工
業国として台頭してきていた帝政ロシアにも深刻な影響を及ぼした。

フェルガナ盆地における綿の収穫作業

　綿花飢饉に悩まされた帝政ロシアは，原綿の供給元をアメリカ以外のところに探していかなければならなくなった。こうしたなか白羽の矢をたてられたのが中央アジアである。そこでの綿栽培，綿花生産は，いまだ取るにたらぬものであったが，気候，土壌，水，労働力，いずれの条件をとっても中央アジアは潜在力を秘めた，将来有望な地域と見られたのである。

　ただ，よく言われるように南北戦争を境にしてすぐに中央アジアが綿花の生産と輸出の中心地になったと見るのは間違いである。戦争が終わると，前ほどではないが相変わらずアメリカからの原綿の輸入は続いた。しかし，帝政ロシアの植民地支配が固まった1880年代になると，トルキスタン総督府は，アメリカから綿の種を輸入し，中央アジアの風土に合うよう改良を加えてそこを一面の綿畑に変えていく積極策に転じた。

　この結果，中央アジアは第一次世界大戦勃発の頃までに帝政ロシアの紡績業，綿織物業に原料綿花の半分を供給するまでに成長した。中央アジアを構成するトルキスタン総督府直轄領，ブハラ・ハン国領，ヒヴァ・ハン国領の三つの地域のなかで，もっとも綿花生産を伸ばしたのはトルキスタン総督府直轄領，とりわけフェルガナ盆地であった。

フェルガナ盆地に集中する矛盾

　トルキスタン総督府直轄領は，かつて綿花生産がさほどさかんなところで
はなかった。1880年，駐ペテルブルク日本大使館から帰任の途中，中央ア
ジア一帯を旅行した外交官・西徳二郎の旅行記『中亜細亜紀事』（1886年）
によると，約300万プード（約5万トン）の全生産量のうちブハラ・ハン国
は200万プードを生産していたのに対して，トルキスタン総督府直轄領は
50万プードを生産するにすぎなかった。しかし，1916年になると，この地
域は全生産量のうち実に80%を産するまでになり，最大の綿花生産地にの
しあがっていた。

　しかし，このような急激な発展は，フェルガナ盆地の社会を変え，さまざ
まな矛盾を噴き出させた。綿栽培が普及すると，灌水や綿摘みの作業をして
いくのに穀作とはくらべものにならぬ人手が必要になる。この結果，地主は
たくさんの農民を雇っていかなければならなくなった。それまでは小作人を
使って収穫物を折半していればよかったが，人を雇うようになってその賃金
支払のために資金繰りに頭を痛めなければならないという深刻な問題も生じ
ていた。

　また，綿の栽培には，灌漑施設，運河の開削といった設備投資にも驚くほ
ど金がかかった。地主，農民はこれを調達するために綿，綿花を買いつける
さまざまな商人から前貸しのかたちで借金をすることが多くなっていった。

　買いつけ商人は，前貸し金の利息としてひどい場合，6割にも達する法外
な利子を要求した。弁済できない場合は綿花を彼らの言い値で買い叩いた。
すでに述べたペルシア系のタジク出身の文学者アイニーは，こうした狡猾，
邪智なやり方を「綿の内部は白いが，綿市場の内部は黒だ」（米内哲雄訳
『ブハラ』，未來社，1973年）と言いはなったが，商人が綿を栽培する地
主，農民を経済的に支配する事態はこのように深刻な社会問題になっていた
のである。

　買いつけ商人と言われる人たちは，大はアゾフ・ドン銀行，シベリア商業

銀行のような銀行資本から，小は綿市場の計量人，またふだんは村に住み，綿繰りの仕事をしながら綿花の集荷もおこなっている精製人までさまざまな層からなっていた。

　そのなかで圧倒的に力をもつようになるのは外から中央アジアにやって来ていたトルコ系でもイスラーム教徒でもないロシア，アルメニア，ユダヤ系の商人たちであった。彼らはロシア内地の綿業家，トルキスタン総督府の後押しを受けながら 20 世紀になると急速に力をつけ，古くから商人として中央アジアに入りこんでいたタタール商人，また伝統的なシルクロードの商圏を押さえていた地元のブハラやアンディジャン Andijan というオアシス都市の商人を圧倒するようになっていた。

　このように地主，農民のみならずトルコ系やイスラーム教徒の商人までもが経済的に苦しい状況に追いつめられているのがフェルガナの実情であった。この発展の影に隠れるしわ寄せがフェルガナをロシア革命において政治的ナショナリズムの主舞台に送り出すのである。

ロシア革命に夢を託す中央アジア

　1917 年のロシア二月革命は，中央アジアの人びとに大きな希望を与えた。帝政ロシアが倒され，これに代わってケレンスキー Kerenskii（1881 – 1970）の臨時政府が中央アジアの統治を引き継いだが，これは絶対不動の権力とは言えなかった。情勢の次第によっては自分たちの手で国家をつくっていくこともまったく夢でなかったからである。

　かくして，すでに述べてきたような文化的な民族の覚醒を背景に中央アジアの政治的ナショナリズムが，1917〜24 年になって高揚の時を迎える。しかし，その現れ方は必ずしも一様ではなかった。帝政ロシアの時代にどのように統治されていたかによってめざすものが違っていたからである。

　たとえば，かたちのうえでは保護国として間接統治下にあったブハラ，ヒヴァの両ハン国の人たちがめざすものは，絶対君主顔負けの権力をふるうハ

ンを倒し，それぞれの国を民族という間尺に合わせて新しくつくりかえてい
くことであった。

　しかし，そこでの民族，国民，祖国という概念は，ブハラ人によるブハラ
国家，ヒヴァ人によるヒヴァ国家の建設というように既存の国家の枠組みか
らぬけきれず，中央アジア全域をにらんだ民族国家という思いにまでは一部
の開明的な知識人を除いては至っていなかった。

　これに対してトルキスタン総督府によって直接統治される地域での民族観
と行動はブハラ，ヒヴァとは違っていた。そこでは原則としてトルコ系であ
れば，同じ民族であると見なし，いっしょにトルコ民族の国家＝トルキスタ
ンをつくっていけるという考えに立っていた。

　しかし，トルコ系といっても実際には生活，文化はずいぶん違っていた。
都市や村で定住生活をおくるサルト Sart，ウズベクと呼ばれる集団もいれ
ば，遊牧をおこなうトルクメン，カザフ，キルギスの人たちもいた。彼らの
話す言葉は同じトルコ系でもかなり違っていたが，チャガタイ・トルコ語と
いう共通の文語で意志を疎通させることができるならばいずれも仲間だとい
う意識ができていたのである。

　以上のように中央アジアの政治的ナショナリズムは，大きく分けてブハ
ラ・ナショナリズム，ヒヴァ・ナショナリズム，トルキスタン・ナショナリ
ズムのかたちをとって展開したが，ここでは最後のトルキスタン・ナショナ
リズムに焦点をしぼりながら中央アジアの民族，国家，地域の問題を見てい
くことにしよう。民族主義と社会主義との関係，また今現在あるような中央
アジア五ヵ国体制がなぜできてきたのかを考えていくうえでこれが鍵になる
と考えられるからである。

コーカンドに集まるトルキスタン人

　ペテルブルクでボリシェヴィキによる十月革命が成功してから間もない
1917 年 11 月 26 日，トルキスタン人意識にめざめた人たちは，フェルガナ

△コーカンドに集まる民衆（1917年）
◁「政府」樹立宣言（1917年）

盆地のコーカンドに集まり，自分たちの「政府」の樹立を高らかに宣言した。結集した人の顔ぶれは，ジャディードの改革運動家，商人，手工業者，地主，農民，遊牧民，ウラマー，スーフィーなど多彩な顔ぶれで，トルコ系の人たちが大半を占めていたのはもちろんだが，なかには多数のペルシア系のタジクの人たちも混じっていた。

　これは，トルキスタン・ナショナリズムがトルコ系の言語，文化的ナショナリズムを基本的な性格としているものの，中世以来培われてきたタジクの人たちとの共存関係を大事に守っていこうとする，排他的でない地域主義の傾向があったことを示すものだと言えよう。タジクの方でも，トルコ系の言語を理解するのに困難を感じる者はほとんどなく，この段階ではトルキスタン・ナショナリズムを自分たちも共有できる文化的，政治的な運動ととらえていたのである。

　ところで，このように十月革命を契機にしてトルキスタン人が立ち上がった理由は，タシュケントにボリシェヴィキのソヴィエト政権が樹立されたか

らである。トルキスタン人には，この社会主義の政権に中央アジアの将来を
ゆだねていくことはとてもできないと思われた。なんとなれば，革命を起こ
した人びとのなかにはタシュケントの綿実油工場などで働くトルコ系の労働
者もいたが，大部分はロシア人の鉄道労働者，旧帝政ロシア軍の残存兵士で
あり，地元に根ざした革命とは到底，思えなかったからである。

　外国人にも等しいロシア人主導の革命に反発する彼らは，タシュケントか
ら遠く南に離れたコーカンドに集まり，階級革命とは一線を画した多様な民
族的要求をかかげ，自前の「政府」をつくる挙に出た。ここに事実上の二重
政府の状態ができあがった。

　ただ，注意しなければならないのは，今までかっこつきで「政府」と表現
してきたことから察してもらえるように，トルキスタン人は，必ずしも完全
な独立国家をめざしてはいなかったことである。彼らは，十月革命によって
成立したロシア連邦共和国との関係をまったく断ってしまおうとは考えてお
らず，その枠内にとどまって独自の自治権をもつ地方政府，軍隊をつくって
いくことを要求したにすぎなかった。そして，地方政府の政体については性
急に結論を出さず，時間をかけて憲法会議で決めていこうというのが，彼ら
の基本的な考えであった。

バスマチのゲリラ運動

　しかし，タシュケントのソヴィエト政権の方からすると，このコーカンド
に拠るトルキスタン自治政府は脅威であり，きわめて危険な存在に映った。
表面的には穏健で民族的な要求を掲げているものの，いつそれが社会主義に
敵対する反革命勢力に転ずるか分からなかったからである。

　このためタシュケントのソヴィエト政権は，1918年2月22日，赤軍とそ
れに協力するアルメニア人の部隊をコーカンドに送りこみ，自治政府を一気
に壊滅させた。トルキスタン人の民族への思いとその行動は，3ヵ月も経ず
してうたかたの夢と消えたのである。

バスマチ（ゲリラ）の指導者たち
（1922年頃）
左から二人目がフェルガナ盆地のレジス
タンス運動を組織したシール・ムハンマ
ド・ベク

　しかしながら，コーカンドに拠ったトルキスタン自治政府の燃えさかるような民族主義の火の手は，バスマチ Basmacı と呼ばれるゲリラたちの執拗な抵抗運動によってなおしばらくのあいだ，止まなかった。バスマチとはもともと匪賊を意味する。しかし，これはバスマチの掃討に手を焼き，敵視する社会主義の方からさげすんで使った言葉で，ゲリラの戦士であったバスマチ自身は軍司令官，隊長を意味するコルバシュ Korbaş を自称していた。

　バスマチ運動を起こした勢力は，タシュケントのソヴィエト政権によって滅ぼされたトルキスタン自治政府，別名，コーカンド自治体を支えるトルコ系の兵士たちであった。彼らはコーカンドの民族的な自治政府が崩壊した後，フェルガナ盆地を囲む山岳地帯に立てこもり，執拗にレジスタンス運動を続けていた。このゲリラの指導者たちは，たんなる軍人でなくいずれも出身の村，部族にしっかりと根をおろした，衆望をになう有力者であった。

　バスマチ運動の最盛期は，1920年5月から1922年末までであったが，その基本的な性格はコーカンド自治体の理想を継承するトルキスタン・ナショナリズムの運動に連なるものであったと言えるだろう。

　なお，このバスマチ運動は，中央アジアという地域を越えて他のトルコ民族世界の運動とも結びつくパン・トルコ主義的な傾向を強くもっていた。第一次世界大戦で敗北し，オスマン帝国を追われた青年トルコ人革命の指導者

エンヴェル・パシャ Enver Paşa（1881-1922）がこのバスマチ運動の支援に駆けつけたことが，その何よりの証拠である。

民族的境界画定

　トルコ系の人たちの中央アジアを舞台とする民族主義的な運動は，以上のようなトルキスタン自治政府からバスマチ運動へと連なる動き以外にも，それと並行して，ブハラ，ヒヴァ（ホラズム），カザフ草原の各地域でそれぞれ独自の形をとっておこなわれた。

　しかし，このような中央アジアを揺るがす多発的な運動のなかでソヴィエト体制がもっとも脅威に感じたのは，なんといってもトルキスタン・ナショナリズムの運動であった。その理由は第一にすでに述べてきたことから分かるように，それが社会主義に正面から公然と対決するものであったからである。

　そして，第二にこの運動が標榜するトルキスタン人という民族の概念，中央アジア全体を視野に入れた広域ナショナリズムの思想が，ソヴィエト体制にはきわめて危険なものに映ったからである。

　トルキスタン・ナショナリズムが起きたところ自体は，フェルガナ盆地という限定された，狭い地域にすぎない。しかしながら，その思想と運動の目標が，中央アジアの人びとの支持と共鳴を得て燎原の火のごとく広がっていくと，中央アジア全体を覆うトルキスタン国家が出現しないともかぎらなかった。

　この点を恐れたソヴィエト体制は，1924年，民族的境界画定として知られる政策を断行した。これは，トルキスタン人という民族の概念を葬りさり，それに代えて今あるようなカザフ，キルギス，ウズベク，トルクメン，タジクといった細分化された民族の概念を上からつくり出し，それぞれに応じた国家と領土をつくり出していこうとするものであった。

　同じトルコ系といっても言葉，生活の仕方，政治的なまとまり，帰属意識

において，実際にはかなりの違いがある。これを逆手にとって民族，国家を細かく分け，広域ナショナリズムの芽を摘みとってしまおうというのが，ソヴィエト体制のねらいであった

　この政策は，トルコ系の諸民族のみならず中央アジア唯一のペルシア系であるタジクにも適用された。これによってカザフスタン，キルギスタン，ウズベキスタン，トルクメニスタン，タジキスタンという中央アジアの五ヵ国体制の原型ができあがっていったのである。

変質する現代の民族主義

　このような民族的境界画定がなぜおこなわれたのか，中央アジアの現代史研究のなかでもまだ十分に解明されていない。この民族政策の真意がどこにあったのかもなお，厚い謎のベールにつつまれたままである。

　しかしながら，結果だけを見ていくならば，この民族的境界画定によって中央アジアの諸民族が，必ずしも彼らにとっては本意ではなかったそれぞれの国というものを単位として，排他的な民族主義の傾向を次第に強めていったと言うことができるだろう。

　また，強引とも言えるやり方で国境線が人工的に引かれたことによって，中央アジア諸民族のあいだに抜きがたい敵意が生まれ，民族間紛争の種も蒔かれた。たとえば，中央アジアのオアシス都市のうちでも名邑として知られる，ブハラの帰属をめぐるウズベク＝タジクの反目はその典型的な例と言えるだろう。

　ブハラは，現在，ウズベキスタンの領土内にあるが，かつてその町に住んでいた人の多くはタジクであった。これを根拠にタジキスタンは，ブハラを自国の領土だと主張し，その返還をウズベキスタンに対して要求している。これなどまだ民族紛争としては表面に出ていないが，中央アジアが潜在的にかかえる民族問題の時限爆弾といって差しつかえないものである。

　1991年のソ連邦崩壊を境にして中央アジア諸国のナショナリズムは，確

かに急激に高まっている。しかし，これを見て注意しなければいけないのは，それらの国々の民族主義の奔流がかつてのトルキスタン・ナショナリズムとはだいぶ違うということだろう。

　70年に及ぶ社会主義体制のもとで既成事実化した五ヵ国体制は，時の流れのなかでいつしか中央アジアが一体性をもつ地域であったことを忘却のかなたに追いやり，それぞれの国，民族のエゴを前面に押し出すように変質してしまっている。ウズベク人，カザフ人，キルギス人，トルクメン人，タジク人という民族の単位，意識があたかも自明の前提であるかのように堂々と独り歩きしているのが現在の中央アジアにおけるナショナリズムの偽らざる実情だと言うことができる。

　中央アジアのトルコ民族主義は，昔ながらのトルキスタン・ナショナリズムそのものではあり得ず，分断された共和国主義，民族主義に姿を変えて現代によみがえっているのである。

分断された中央アジアの民族主義

　ロシア革命に際して中央アジアのトルコ民族主義は，この地域に住むトルコ系の人びとを一つの民族，「トルキスタン人」としてまとめていこうとする広域的な運動として高揚した。しかし，これに脅威を感じたソ連邦は，中央アジアを五つの国に分断した。これによって中央アジアの人びとの民族意識は，現在，それぞれの国を拠りどころとする狭い民族主義に変質している。

＊ 第V章 ＊

アゼルバイジャン
二つの顔

　イランというと，ペルシア語とその文化が圧倒的に優
勢な地域というイメージが強い。しかし，その西北部ア
ゼルバイジャン地方は歴史的に見ると，トルコ系の人び
とが多く住むところである。彼らのなかには近代になる
とトルコ民族としての意識を強め，ペルシア文化圏から
離れようとする人たちも多く出てくる。トルコ民族主義
をめぐって揺れ動くアゼルバイジャンの二つの顔を見て
いくことにしよう。

二つのアゼルバイジャン

アゼルバイジャンとは，カスピ海の西南，イラン西北部からザカフカス東南部にかけて広がる地域のことである。ここは，カスピ海に注ぐアラス Aras 川をはさんで南北二つの地域に分けられる。現在，北の方はアゼルバイジャン共和国という独立国家をつくっているのに対し，南の方はイランの領土の一部を成している。

アゼルバイジャンは，すでにたびたび述べてきたように中世以来，イランの諸王朝によって支配された期間が長く，文化的にはペルシア＝イスラーム世界の一部をなしてきた。しかし，ここに住む人の多くは，ペルシア語を母語とする人たちではなく，トルコ系である。

これらの人たちが近代を迎えてどのようなかたちでペルシア＝イスラーム世界という伝統の枠をふりはらいながらトルコ民族としての意識に文化的に目覚め，政治的なナショナリズムの運動に立ち上がってくるようになるのか，前章の中央アジアでしてきたのと同じ手法で見ていくことにしよう。

ところで，同じアゼルバイジャンといっても北と南では，かなり違った地域の様相を呈する。たとえば，都市の景観一つとってみても北の中心バクーは，ロシア的な雰囲気を漂わす町である。これに対して南の中心タブリーズ Tabrīz は，イランの文化的伝統の香りにつつまれた都市である。

宗教について見てみると，一般的にアゼルバイジャンはシーア派イスラームの信徒が圧倒的だが，北ではスンナ派イスラームの信者も多く，時代によって異なるがシーア派のそれをしのぐときもあった。

このような違いは，それぞれの地域がかかわった歴史の違いに由来する。北と南とでは民族意識の拠りどころを何におくのか，またナショナリズムの運動をどのようにやっていくかということで大きな違いが見られる。

ここでは以上のようなアゼルバイジャンがもつ二つの顔に目を向けながら，トルコ民族としての意識を強烈に出すようになってきた北のアゼルバイジャンを中心にこの地域が，帝政ロシアの支配期からソ連邦成立期にかけ

付図Ⅴ　ザカフカス
　　　とアゼルバイ
　　　ジャン

カフカス山脈
ザカフカス
黒海
クラ川
グルジャ (ジョージア)
ガンジャ
バクー
カスピ海
北アゼルバイジャン
オスマン帝国
トルコ
アルメニア
ナゴルノ＝
カラバフ
アラス川
南アゼルバイジャン
ウルミエ湖
アルダビール
タブリーズ
イラン

て，いかなる文化的，政治的なナショナリズム運動を展開してきたかを見て
いくことにしよう。

　アゼルバイジャンと言われても，われわれ日本人にはあまりなじみのない
地域である。しかし，ソ連邦が崩壊していく序曲の一つとなったアゼルバイ
ジャン人とアルメニア人とのあいだで起きたナゴルノ＝カラバフ紛争の舞台
になったところという点で，アゼルバイジャンは，現代史の頁から消すこと
のできない重要性をもっている。

　この民族問題がなぜ起きたのか，その歴史的背景を見ながらアゼルバイジ
ャンという地域において，トルコ民族主義がいかなるかたちで現れてきたの
か考えていくことにしたい。

帝政ロシアの征服

　アゼルバイジャンのトルコ系の人たちは，近代以前において中央アジアの
人たちと同様，ペルシア文化との共存と対立のなかで生きてきた。政治的に
も 19 世紀の初頭までカフカス山脈の南に広がるザカフカスの大半の地域
は，アゼルバイジャンも含めてイランに本拠を置くサファヴィー朝，カージ
ャール朝 Qājār などの王朝の宗主権下に置かれていた。

しかし，19世紀に入ると，ペルシア系とトルコ系との共存と対立の関係に支えられてきた伝統的な世界は，帝政ロシアの南下とその植民地支配によって解体していく。北のアゼルバイジャンの人たちは，帝政ロシアの支配下に入ることによってトルコ民族としての強烈な意識をもつようになってくるが，その展開のプロセスを追っていく前提としてまず，帝政ロシアの征服の過程をざっと整理しておこう。

　帝政ロシアによるザカフカス遠征は，1801年の東グルジア（ジョージア）王国の併合をもってはじまり，1813～14年，1827～28年のイラン＝ロシア戦争で終わった。この二度にわたる戦争の結果，アゼルバイジャンは，アラス川より北の地域が帝政ロシアに割譲され，南の地域は従来どおりカージャール朝イランの領土として残された。

　このような分断によってアゼルバイジャンにおけるナショナリズム運動は，北と南で大きな違いが生じることになる。ペルシア＝イスラーム世界にとどまった南のイラン・アゼルバイジャンでは，民族意識の覚醒，それにもとづく運動は，イランという枠を脱しきれずにおこなわれていった。

　これに対して伝統的なペルシア＝イスラーム世界から切り離され，帝政ロシアの支配を介して近代的なヨーロッパ文明と日常的に接触するようになった北アゼルバイジャンでは，言語にもとづくトルコ民族としての意識，ナショナリズム運動が高揚していった。

　帝政ロシアに征服される以前，北アゼルバイジャンには十指にのぼるトルコ系遊牧民の首長が支配する小さなハン国がカージャール朝の宗主権下で群雄割拠していた。しかし，帝政ロシアによる征服後，それらのハン国はいずれも廃され，グルジア（現ジョージア）の首都ティフリス Tiflis（現トビリシ Tbilisi）におかれたカフカス総督府の一元的な直轄統治のもとにおかれた。北アゼルバイジャンを含むザカフカス統治の特徴を，前章で述べた中央アジアのそれと比較して気づくことは，ザカフカスが徹底して帝政ロシアの直接支配下に置かれたということである。

　中央アジアの場合，タシュケントのトルキスタン総督府の統治する直轄州

がある一方，ブハラ，ヒヴァの両ハン国は保護国という名目で間接統治の地域として残された。これに対してザカフカスでは，旧来の行政区画が廃止され，それに代わって県制が導入され中央集権的な直轄支配の体制がつくり出されていったのである。

このような帝政ロシアによる一元的な統治は，北アゼルバイジャンのトルコ民族意識の高揚にはかりしれない刺激を与える。ザカフカスのもともとからの住民であり，隣人でもあるグルジア人やアルメニア人，そして新しくやって来たロシア人などとの不断の接触，交流によっていやがうえにもみずからの帰属意識（アイデンティティ）を強くもつような状況に追いこまれたからである。

言語ナショナリズムの父

中央アジアの言語ナショナリズムが，クリミア半島のガスプラルによる共通トルコ語運動に源を発し，それがトルキスタンでは地域主義に転じて，フィトラトを中心とするチャガタイ語の再生運動となって展開していったことはすでに前章で述べたとおりである。

アゼルバイジャンにおいて同じような言語改革運動を起こし，旗ふり役を演じたのは，アーホンドザーデ Ākhondzāde（1812-78）という人である。彼がもっとも活躍した時期は1850年代から60年代にかけての頃であった。

これは，クリミア半島，ヴォルガ川流域，中央アジアでおこなわれたジャディードの言語・教育運動が1880年代を過ぎてからようやく開始されたことを考えるときわめて早く，アーホンドザーデがいかに時代を先取りした人であったかが分かってもらえよう。

彼についてはその重要性のわりにあまり知られていないと思われるので，簡単な経歴と言語改革のうえで果たした役割について手短かに紹介しておく。

アーホンドザーデが生まれたのは南アゼルバイジャンのとある小さな町で

アゼルバイジャンにおける言語改革運動の旗手となったアーホンドザーデ

あった。商人である父親が早くに亡くなったため，アラス川の北に住む親戚に引き取られ，そこで育てられた。そして，イラン＝ロシア戦争の結果，北アゼルバイジャンが帝政ロシア領となった後もそこにとどまり，二度と再びイランに帰ることはなかった。

アーホンドザーデが最初に受けた教育は，ペルシア＝イスラーム世界でおこなわれてきた伝統的な教育である。アーホンドとは，イスラームの学問に通暁した人のことを言い，ザーデとはその子供を意味する。その名が示すとおり，彼はペルシア語とシーア派の諸学問を幼少の頃から骨の髄までたたきこまれながら成長した。

しかし，その後，故郷の北アゼルバイジャンを出てザカフカスの中心都市ティフリスに置かれていたカフカス総督府の通訳官として働くようになると，それまでの伝統のしがらみをいさぎよく捨てて世俗主義者に変身，母語であるアゼルバイジャン・トルコ語の改革運動に邁進していくようになる。

彼は，頑迷なシーア派ウラマーが牛耳る後進的なアゼルバイジャン社会を近代化，世俗化していこうとした。また，ペルシア語に代えて母語であるアゼルバイジャン・トルコ語をコミュニケーションの手段，知的活動の基礎とし，それによって民族意識を強めていこうとした。これらの活動において彼

がとくに有用だと考えたのは，文学，とりわけそのなかでも戯曲のジャンルであった。

ザカフカスのモリエール

　戯曲というものは，たとえ文字を知らない人であっても劇を観て，セリフを聞けば容易にその内容を理解できるものである。この点に着目したアーホンドザーデは，みずから筆をとって多数の台本を書き，劇を上演し，人びとを近代化，世俗化のために啓蒙していこうとした。彼の旺盛な演劇活動は，「ザカフカスのモリエール」とあだ名されるほどの名声を博したが，同時に言語改革の面でも大きな貢献をした。

　それは，台本を書くという行為を通じてアゼルバイジャン・トルコ語を洗練された言語に高めていくことができたからである。口語体で書かれる台本は，難解な古典主義に堕さず，あくまでも日常のありふれた語彙，言い回しにもとづく文語を普及，定着させていくうえでこれ以上うってつけのものはなかった。

　かくして，アーホンドザーデはアゼルバイジャン・トルコ語の文語の確立者として不朽の足跡を残した。しかし，彼の言語面での功績はこれだけで終わらなかった。もう一つ，文字改革においても先覚者としての役割を果たしている。

　文字改革というと，われわれの頭にすぐ思い浮かぶのは1928年，トルコ共和国において実行に移されたアラビア文字表記からローマ字アルファベットへの改革である。しかし，この点においてアゼルバイジャンはトルコ共和国よりはるかに先輩で，1924年にすでに文字改革を断行している。

　アゼルバイジャンがこのように文字改革において先鞭をつけられたのは，19世紀の半ばすぎにアーホンドザーデがすでに文字改革の提唱をおこなっていたからである。彼は早くからアゼルバイジャン・トルコ語をアラビア文字で表記していくことの不合理さに気づいていた。このためローマ字表記で

はないが，アラビア文字に改良を加えて誰もが読み書きできるよう提唱したのである。

イラン・アゼルバイジャンの状況

　ところで，アーホンドザーデについてはシーア派イスラーム，ペルシア語といち早く絶縁し，ひたすら世俗化の道を追求したトルコ民族主義者という評価を与えるのがふつうである。しかし，これは一面的な見方であって実際の彼は，しばしば古代のイランを礼讃し，心情的にはかぎりなくペルシア的なものに愛着を感じる人であったと言われている。

　アゼルバイジャンのトルコ系の人たちは，概してペルシア語とその文化に対してまるで呪縛でも受けているかのようにこだわりをもち続けた。この傾向は南のイラン・アゼルバイジャンにおいてとくにきわだっているが，このことは，北とはまったく違う独特な民族意識となって現れるという結果をもたらした。北アゼルバイジャンで現れたトルコ民族意識と対照させる意味でこの点について少し触れておくことにしよう。

　1925年にパーレビー Pahlāvī 王朝が成立し，ペルシア語にもとづくナショナリズムが勢いをもってくるなかで少数民族たるアゼルバイジャン・トルコ系の人たちは，自分たちの言語，文化がペルシアのそれとは違うということを事あるごとに主張してきた。また，それが権利としてペルシア語を母語とする人たちと同等に認められるべきだと要求してきた。

　しかし，その根底に流れ，大勢を占める考え方は，アゼルバイジャン人は文化的にはアイデンティティを堂々と主張するが，政治的にはイランから離れるべきではないというものであった。

　アゼルバイジャン・トルコ語による宗教儀礼，学校教育，テレビ・ラジオ放送，新聞，出版物の発行，自治権を大幅に認められた地方議会，州行政は要求していくが，独立までは決して求めないというのが基本的な姿勢として貫かれていた。

これはアゼルバイジャン人の妥協，譲歩から出たものとは必ずしも言えない。言語において彼らは確かにペルシア語を話す人たちとは違う。しかし，言葉を除く文化，歴史，またシーア派イスラームという宗教においてアゼルバイジャンは，現在に至るまでイランの不可分の一地方をなしてきた。このような揺るぎないアゼルバイジャン人の信念が，イランという大地への忠誠心の支えになっているのである。

　しかしながら，南アゼルバイジャンには今でもイランからの独立を主張してやまない少数の分離主義者がいることも事実である。だが，皮肉にもそれとはまったく逆にイランのどの地方よりも愛国心に満ちたイラン・ナショナリズムの旗手を輩出してきたのもアゼルバイジャンという地方であった。

　20世紀前半のイランを代表する思想家で，そのあまりにも反イスラーム的な言動のため暗殺されたキャスラヴィー Kasravī（1890 - 1946）は，このようなアゼルバイジャンを代表するナショナリストである。

　彼は，すぐれた言語論を残したことでも知られているが，それを読んで興味をそそられるのは，一体にして不可分なイランをあくまでも守り抜いていくためにアゼルバイジャン・トルコ語の起源，性格をめぐって涙ぐましいほどに詭弁を弄して論を展開していることである。

　それによると，アゼルバイジャン・トルコ語はトルコ系の言葉とは言い切

アゼルバイジャンにおけるイラン・ナショナリズムの旗手キャスラヴィー（左）とその著書『アゼルバイジャン語』

れない面をもつという。セルジューク朝以来，遊牧民の侵入によってアゼル
バイジャン・トルコ語は，外形的にはトルコ系言語としての体裁をとるよう
になったが，その深層にはペルシア語的な要素が残存しており，この点を評
価しながらアゼルバイジャン人の民族性を考えていくべきだとキャスラヴィ
ーは主張したのである。

民族主義の二つの潮流

　さて，再び北のアゼルバイジャンの方に戻ってそこでの文化的なナショナ
リズムの展開を追っていくことにしよう。すでに触れたアーホンドザーデの
衣鉢を継いだ世代も，ペルシア文化の影響から脱することがなかなかできな
かった。しかし，19世紀末になると，ようやく自分たちをトルコ民族とし
て意識していくことに揺るぎない自信をもつようになる人たちが現れた。

　ただ，そのトルコ民族の概念については二つの違った考え方があった。第
一はパン・トルコ主義的なとらえ方である。これはペテルブルクの医学校に
留学したことのあるヒュセインザーデ・アリー Hüseynzade Ali（1864－
1940）という人によって熱心に唱えられた。彼は，帝政ロシア領内のさまざ
まなトルコ系の人たちと交流を重ねるうちに，アゼルバイジャンのトルコ系
の人たちが，ヴォルガ川流域，クリミア半島のタタール人やバシキール人，
中央アジアのトルコ系諸民族と言語，文化において共通し，同じ仲間である
と深く確信するようになった。

　彼のこのようなトルコ民族観は，帝政ロシア領内という枠にとどまらず，
次第にオスマン帝国に住むトルコ人をも射程に入れるものになっていった。
1890年代の後半になってヒュセインザーデ・アリーは，招かれてイスタン
ブルの軍医学校で教鞭をとるようになるが，そこで彼は，後に青年トルコ人
革命の担い手になっていく学生に対してすべてのトルコ系の人たちはたがい
に文化的に連帯していくべきだと説いたのである。

　このような考え方に対して，トルコ民族としての意識をアゼルバイジャン

パン・トルコ主義の立場からトルコ民族をとらえようとしたヒュセインザーデ・アリー（左）と地域に根ざしたアゼルバイジャン・トルコ主義を唱えたレスールザーデ

という地域に中心をおきながら育んでいこうとする第二の見方もあった。レスールザーデ Resulzade（1884－1955）という人によって代表される，このアゼルバイジャン・トルコ主義の思潮は，20世紀に入りロシア革命の頃になって主流の位置を占めるようになってくる。そこで強調されたことは，夢のようなトルコ民族の大同団結という考えを捨てて，もっと現実を見据え，自分たちの住む地域で足場を固めてアゼルバイジャンのトルコ系の人たちの自立を構想していかなければならないというものであった。

　こうした考え方の違いは，その言語論にも反映する。ヒュセインザーデ・アリーのようなパン・トルコ主義者は，文化的な横のつながりを強固なものにしていくため，トルコ民族の世界において文語としての汎用性を獲得するようになっていたオスマン・トルコ語を模範にしてアゼルバイジャン・トルコ語を確立していくべきだと主張した。

　これに対してアゼルバイジャン・トルコ主義者は，オスマン・トルコ語に全面的に依存していくことに疑問を投げかける。オスマン・トルコ語が伝統と権威をもっていることはそのとおりかもしれない。しかし，アゼルバイジャンとはかなり文化的な伝統を異にするオスマン帝国の文語に頼っていくのは間違いである。大事なことは，ふだん使う口語にもとづいてアゼルバイジャンの人びとが何不自由なく意志の疎通をはかっていけるような言葉を創造

していくことだと説いたのである。

石油ラッシュに沸く町

　アーホンザーデからレスールザーデに至る人たちによって発展させられ
たアゼルバイジャンの文化的なナショナリズムの動きは，20世紀に入ると
政治的なそれに転化していく。こうしたプロセスは，すでに前章で述べた中
央アジアと時期的に並行し，同じようにして進んでいったが，これについて
述べる前に文化的なナショナリズムを政治的なナショナリズムに橋渡しして
いく役割を負った社会経済的な問題について触れておこう。

　中央アジアのトルキスタン・ナショナリズムが，フェルガナ地方で急成長
した綿の栽培，綿花生産をめぐる矛盾を引き金として起きたことはすでに述
べたとおりである。これに対してアゼルバイジャンではいかなる社会経済的
変化が，政治的ナショナリズムの牽引力になっていったのであろうか。

　この問題に鍵を与えるのは，1870年代初頭からカスピ海西南部の都市バ
クーでにわかに興ってきた石油産業である。石油と聞くと，今では誰もがペ
ルシャ湾岸にある中東の油田地帯を頭に思い浮かべ，そこが世界の石油生産
の中心だと考える。しかし，バクーは，中東で石油が発見される一つ前の時
代の中心であった。

　もっともバクーが産油地として脚光を浴びるようになるのは，まだ石油が
自動車のガソリンやその他のエネルギー資源として使われる前のことで，そ
こで掘られた石油はほとんど灯油として精製され，照明用に消費されてい
た。エジソンによって電球が発明される以前，灯油ランプは近代文明の利器
として世界のあちこちで重宝され，それまでの鯨油，獣脂，松脂，石炭から
とったコール・オイルに代わって照明の王座を占めるようになっていた。そ
うした時代の中心がバクーだったのである。

　バクーに石油が出るということは中世の時代から知られ，細々と手掘りの
立坑を使った採掘がおこなわれていた。しかし，1872年，産油地の土地所

バクーの油田
（19世紀末）

有権をもつ帝政ロシア政府が，それらの土地を賃貸制に切り替え，そこでの
油井掘削，採油，精製を許可する政策に転ずると，バクーに空前の石油ラッ
シュの時代が到来した。一獲千金を夢見る山師から，冷徹でしたたかに企業
戦略を練る資本家まで有象無象の人たちがこぞってバクーをめざし殺到した
のである。

バクーの光と影

　利権を獲得し，石油会社を経営するようになった企業家の群れのなかには
当然のことながら帝政ロシアの臣民であるアゼルバイジャン人，アルメニア
人，ロシア人が多数含まれていた。しかし，石油の生産，精製，販売におい
てバクーを文字通り引っ張り，世界のトップに押し上げていったのは，外国
からやって来たごく一握りの投資家がつくった会社である。

　1879年に設立されたノーベル兄弟会社は，その代表格とも言える存在で
ある。これはダイナマイトを発明した有名なノーベルの兄と弟がつくった会
社で，スエーデンから帝政ロシアに移住し，手広く商売をしながら得た儲け
を石油に投資したのである。

　あと一つ忘れてならないのがフランスのロスチャイルド財閥のつくったカ

スピ海・黒海石油会社である。ロスチャイルドは，当初，バクーからヨーロッパ方面への石油の積み出し，輸送のために必要なザカフカス鉄道建設に資金を投じていたが，この鉄道が1883年に完成すると，1886年，石油会社の経営に乗り出した。しかし，その経営も長くは続かず1907年，ロイヤル・ダッチ・シェル石油会社に株を譲渡してバクーから撤退した。

　これら外資系の石油会社の主導によってバクーは，その生産量を着実に伸ばしていった。当時，石油の生産，流通を支配していたのはアメリカである。1850年代のペンシルヴァニア油田の発見によって石油産業を確立したアメリカは，ロックフェラーのつくったスタンダード石油を筆頭とする企業群によって世界市場を制覇していた。

　しかし，年を追うにしたがってバクーの生産・供給量は増加の一途をたどり，1898年，ついに王者であるアメリカを追い抜いた。1900年には世界の石油生産量の半分以上を供給するまでになる。だが，バクーの栄光も長くは続かなかった。華々しい石油産業の急成長の裏に労使関係の深刻な対立が見え隠れしていたからである。

COLUMN
石油で財をなしたグルベンキアン

　　アルメニア商人の子としてイスタンブルに生まれたグルベンキアン Gulbenkian は，若き日に父に命じられバクーへ旅に出た。石油景気で沸き立つ町の経済事情視察がその目的だった。この旅は，後年，彼が巨万の富を手にするきっかけとなった。20世紀初頭，オスマン帝国は当時領土であるイラクの石油利権をロイヤル・ダッチ・シェル石油会社に売却する。このとき仲介役を務めたのがグルベンキアンだった。その功によって彼は新たに設立されたトルコ石油会社の株式のうちの5%を譲渡され，「ミスター・ファイブ・パーセント」とあだ名された。リスボンにあるグルベンキアン美術館の収蔵品はその富で収集した一大コレクションである。

この影にひそむ矛盾は，1903年，石油労働者によるゼネストというかたちをとって一挙に噴き出した。ストライキは翌年も続き，ついに1905年の第一次ロシア革命になった。「血の日曜日事件」という言葉でよく知られるこの革命においてバクーは，帝政ロシアの諸都市のなかでも指折りの中心地になったのである。

　この町を舞台にした労使の衝突，民族間の血で血を洗う争いは，栄華のきわみにあったバクーの石油産業を壊滅状態に追いこんだ。3分の2にのぼる油井が破壊され，一時，世界の供給量の半分を産出していたバクーの石油は，見るも哀れなほどに落ちこんだ。第一次世界大戦直前の1913年におけるバクーの石油輸出量は，世界市場のなかでわずかに10%弱を占めるにすぎなくなってしまったのである。

政党が乱立するバクー

　アゼルバイジャンの政治的ナショナリズムは，1917年のロシア二月革命から十月革命の時期にかけてクライマックスを迎える。中央アジアと同様，アゼルバイジャンにも帝政ロシアの植民地支配が終わりを告げたことによって新しい体制をみずからの手でつくり出していける千載一遇のチャンスが生まれてきたのである。

　しかし，アゼルバイジャンを含めてザカフカス全体がどのようになっていくのか，その先行きはきわめて不透明で流動的であった。ザカフカスが，帝政ロシアの時代にカフカス総督府によって一元的に支配されてきたことを考えると，そこに単一国家ができてもおかしくなかった。また，これとは別にアゼルバイジャン，アルメニア，グルジャ（ジョージア）の各民族がザカフカスを三分割してそれぞれ独自の国家を建設していく可能性もあった。

　さらに，社会主義なのか，民族主義なのか，またロシアの革命政府といかなる関係をつくっていくのか，ということについても統一した見解があるわけでなく，階層，民族，政治的主張，思惑によって多様をきわめていた。

こうした問題は，ロシア革命と周辺地域の問題として近年，好んで取り上げられるテーマであるが，複雑に推移していく革命の経過に深入りしすぎてしまうと，頭が混乱してしまう恐れがあるので，以下においては問題となっているアゼルバイジャンだけに焦点をしぼり，それをさらにバクーとそれ以外の地域の二つに分けて考えていくことにしよう。

バクーは，すでに述べたことから分かるように，石油産業によって急激に都市化した有数の工業都市である。そこには付表Ⅱの人口構成から見てとれるように，石油に関係した仕事を求めてさまざまな民族の人たちがやって来ており，彼らに影響力を行使しようとたくさんの政党が入り乱れ，活動をおこなっていた。

社会主義を標榜していたのはロシア社会民主労働党の多数派（ボリシェヴィキ）と少数派（メンシェヴィキ）であった。さらにナロードニキ（人民主義者）の伝統を継承する社会主義者革命家党（エス・エル党）も多くの支持者を集めていた。

これとは別に基本的には社会主義をめざすが，民族主義の要素を取り入れた政党も，労働者のあいだに深く浸透していた。地元のアゼルバイジャン人労働者，イランからの出稼ぎ労働者にとって社会主義は，共鳴できる部分を多くもっているが，階級革命論一本槍で民族の問題をあまり考慮せず，しかもロシア人やアルメニア人が党の運営を牛耳る既成の社会主義諸政党にはついていけない面があった。このため，アゼルバイジャン人労働者は民族主義

付表Ⅱ　バクーの民族別住民構成
（単位：人）

民族 ＼ 年度	1897	1903	1913
アゼルバイジャン人	40,148	44,257	45,962
イランからの出稼ぎ者	9,426	11,132	25,096
ロシア人	37,399	56,955	76,288
アルメニア人	19,060	26,151	41,680
ユダヤ人	2,341	—	9,690
ドイツ人	2,460	—	3,274
グルジャ（ジョージア）人	971	—	4,073
総計	111,805	138,495	206,063

出所：Audrey L. Altstadt, *The Azerbaijani Turks*, Hoover Institution Press, Stanford University, Stanford, California, 1992, p.32.

を折りこんだヒンメト（活力）党，イランからの出稼ぎ労働者はアダーレト（公正）党という政党をそれぞれつくった。

　これらの社会主義，ないしは社会主義と民族主義とを折衷する諸政党の対極に純粋に民族主義を奉ずる政党が，主として石油産業を引っ張ってきた資本家，商人，手工業者などの支持を集めて活発に動いていた。アルメニア人は，ダシュナク連盟という政党をつくり，アゼルバイジャン人は，ミュサーヴァト（平等）党という名のアゼルバイジャン・ナショナリズムにもとづく政党をつくっていたのである。

バクー・コンミューン

　1917年11月，諸政党が乱立するバクーに社会主義のソヴィエト政権が誕生した。いわゆるバクー・コンミューンである。すでに述べたように，まったく同じ時期に中央アジアのタシュケントにもソヴィエト政権が樹立されたが，これにくらべるとバクーにソヴィエト政権ができる客観的な条件は，問題にならないぐらいに揃っていたと言えるだろう。

　石油を基幹産業に発展してきたバクーは，周辺とか辺境という言葉で簡単に片づけられない，当時としては堂々たる工業都市であった。ペテルブルクやモスクワとくらべても決してひけをとらず，地元のアゼルバイジャン人はもちろん，ロシア，アルメニア，イランからも働き口を求めて多数の労働者が住みついていた。

　このような状況にあったバクーが，ロシア十月革命に際してアゼルバイジャンのみならず，ザカフカス全体における社会主義革命の拠点になっていったとしても何の不思議もなかった。しかし，ソヴィエト政権内部の構成は，ペテルブルクやモスクワとは違って複雑であった。政権のトップに立ったのは，「ザカフカスのレーニン」の異名をとるアルメニア人のボリシェヴィキで，シャウミャン Shaumyan という名の革命家であった。だが，ボリシェヴィキ自体は，ソヴィエトのなかで絶対多数を占めることができず，むしろ

メンシェヴィキ, エス・エル党の方に人びとの支持が多く集まっていた。

　バクーのソヴィエト政権は, このような社会主義の諸政党のあいだでおこなわれた激しいつばぜり合いのために必ずしも安定しなかったが, さらにその足元を脅かしていたのは, 社会主義に背を向ける民族主義者たちの群れであった。彼らは反革命の機会を虎視眈々とねらっていた。

　とくに, ミュサーヴァト党のもとに集まるアゼルバイジャン・ナショナリストたちの動きが脅威であった。彼らはソヴィエト政権ができたあとでも, その統制に従うのをいさぎよしとせず, 自衛のために独自の軍隊をつくるほど大きな力をもっていた。彼らがバクーでつくった軍隊は, ふつう, 野蛮師団という名前で呼ばれる。これに対してバクーのソヴィエトには, ロシア革命後も故郷に帰還せずにとどまった, 旧帝政ロシア軍の兵士たちが多数, 参加していたが, 赤軍と呼ぶにはほど遠い状態であった。このため, 野蛮師団はソヴィエト政権にとってきわめて危険な存在であった。

　1918年3月, この野蛮師団がソヴィエト政権に対して反乱を起こした。蜂起そのものはすぐに鎮圧され, バクーでの政権奪取はならなかった。しかし, これはバクーを除いたアゼルバイジャン全域に民族主義政権が樹立される前触れとなった。アゼルバイジャンにもソヴィエト政権の向こうを張る民族主義の政権が, 中央アジアと同じように, しかも, それよりはるかに強力なものが姿を現すことになったのである。

民族主義政権の興亡

　ロシア十月革命に際してバクーで起きた社会主義革命の動きは, アゼルバイジャン全体から見るとむしろ特殊であった。バクーを一歩, 外に出ると, そこには中世さながらの農村が点在していた。都市といっても周辺の村から生糸を集め, 絹織物に仕立てていく手工業などが細々とおこなわれているにすぎなかった。

　ナゴルノ＝カラバフのような山岳地帯に行けば, そこは遊牧民の世界であ

った。かつて詩人のプーシキンは，1829年にザカフカスを旅したとき，そこで「カラバフ産の駿馬」が珍重されていることを目撃し，そのことを『エルズルム紀行』に書き残している。このような馬を駆って遊牧をおこなう人たちが，まだ多数残るのがアゼルバイジャンというところだったのである。

　このような農民，商人，手工業者，遊牧民からすると，バクーの労働者たちがやっている革命は，経済的にも感覚的にも到底，受け入れられず，理解の範囲を超えていた。帝政ロシアが崩壊した後に彼らが望んだ体制は，社会主義とは別のものであったと言えるだろう。

　こうした人びとの支持を背景に，ミュサーヴァト党のまわりに集まるナショナリストは，1918年5月，バクーに次ぐ西北部第二の都市ガンジャ Ganja（帝政ロシア時代のエリザヴェトポリ Elizavetpol）に民族主義政権を樹立した。点としてのバクーでソヴィエト政権の孤塁を守る社会主義に対して，面を支配する民族主義の政権がここにできあがったのである。

　民族国家を樹立したあとナショナリストは，バクーをソヴィエト政権から解放することに全力を傾けた。その際，独力でソヴィエト政権を倒していく力がなかった民族政権は，オスマン帝国の軍事的な支援を仰いでこれをやっていこうとした。

　第一次世界大戦がはじまって以来，オスマン帝国は，対ロシア作戦のためにザカフカス方面に軍隊を多数，派兵していた。ロシア革命が勃発し，この方面で戦闘が止んでも撤兵しようとはせず，逆にザカフカスの混乱につけいってそこを占領，併合しようとしていた。

　アゼルバイジャンの民族主義政権は，1918年9月，このようなオスマン帝国の膨張主義的な野望をたくみに利用して軍事的な支援を取りつけ，ついに念願のバクーを陥落させ，アゼルバイジャン全土をその支配下におくことに成功した。

　しかし，民族主義政権とオスマン帝国の協力関係は，さほど長く続かなかった。というのは，バクー占領から約1カ月半してオスマン帝国が第一次世界大戦に敗れ，ザカフカス戦線からの撤退を余儀なくされたからである。こ

2003年頃のバクー市街。筆者の知人メル
タン夫妻

のあと，民族主義政権は，カスピ海において自衛軍と連携して反ボリシェヴ
ィキ作戦を展開するイギリス軍に支援を要請，その進駐下で政権の維持をは
かっていこうとした。

　だが結局，アゼルバイジャンの民族主義政権は約2年間続いた後，1920
年4月，カフカス山脈を南に越えて侵入してきたボリシェヴィキの指揮する
赤軍の攻撃を受けて崩壊した。

　経済の柱であった石油政策に失敗したことが，民族主義政権を壊滅に追い
やった最大の原因であった。バクーでは，激減する石油輸出を回復させるこ
とができなかった。このためにストライキが続出，失業問題が深刻化してい
た。これがそれまで民族主義政権を支持する労働者を社会主義の方へと走ら
せたのである。

民族主義の復活とナゴルノ＝カラバフ紛争

　しかしながら，短期間とはいえ民族国家をつくり出したアゼルバイジャン
からナショナリズムの根を断つことはできなかった。1980年代後半のペレ
ストロイカの時代を迎えると，それは不死鳥のごとくよみがえり，ソ連邦を
崩壊に導いていくことになる。

　ただ，現代におけるアゼルバイジャン・ナショナリズムの復活を社会主義

に対立する民族主義という観点からだけとらえていくのは誤りだろう。1988年に起きたナゴルノ＝カラバフ紛争が示すように今のアゼルバイジャン民族主義は，アルメニア人とのあいだの民族紛争をバネにしてその意識と行動を高揚させてきた面を無視できないからである。

　ナゴルノ＝カラバフというのは，アゼルバイジャン南部の山岳地帯にある自治州のことである。ここに住む住民の大半は，トルコ系のアゼルバイジャン人ではなく，東方キリスト教を信仰するアルメニア人である。

　アルメニア人というのは，周知のようにここだけに住んでいる人たちではない。アゼルバイジャン共和国の西隣りにアルメニア共和国という国があるが，こちらの方がアルメニア人の居住地としてはむしろ中心である。また，かつてはアナトリアの東部地方にもアルメニア人がたくさん住んでいた。

　ナゴルノ＝カラバフにアルメニア人がなぜ住んでいるのか，その理由はすでに述べたミュサーヴァト党の民族政権が1918〜20年につくられたことに由来する。古い時代からこの地方に住みついていたアルメニア人は，アゼルバイジャン人を主体にして排他的な領域国家をつくっていこうとする民族政権の政策によって他の領域に住む同胞から切り離され，ナゴルノ＝カラバフという飛び地に取り残されたのである。

　このようにアルメニア人とアゼルバイジャン人とが混住するという歴史的なしがらみは，1922年，ソ連邦に加盟してからもまったく変わらずに続いた。彼らは大幅な自治権を与えられ，少なくとも表面的にはいざこざも起こさずアゼルバイジャン人との共存をはかって生きてきた。

　しかし，ペレストロイカにより自由化の時代を迎えると，ナゴルノ＝カラバフに自治州をつくって住んでいたアルメニア人は，アゼルバイジャンからの分離，独立を求めて公然とデモを起こした。これが発端となってそれまで隠蔽されてきたアルメニア人，アゼルバイジャン人双方の不満，敵意，憎悪が一気に噴き出し，1988年から6年間も続くナゴルノ＝カラバフ紛争にエスカレートしていったのである。

　ナゴルノ＝カラバフ紛争は，長いあいだ，アゼルバイジャン社会主義共和

バクーにあるナゴルノ＝カラバフ紛争の戦
没者の墓地

　国内で少数民族の地位に甘んじてきたアルメニア人の側からの民族の独立を
求めての運動であったが，アゼルバイジャン人にとってもソ連邦の体制下で
眠らされていた民族意識を呼び覚ましていくチャンスであった。
　アルメニア人との熾烈な衝突を通じて民族としての危機感をつのらせてい
ったアゼルバイジャン人は，ソ連邦当局の厳しい監視の網をくぐりぬけなが
ら民族主義を掲げる政治組織を秘密裏につくっていった。アゼルバイジャン
人民戦線を代表とする民族主義組織が，アルメニア人と鋭く対立したのみな
らず，次第にその攻撃の矛先を社会主義体制そのものに向け，1991年，ソ
連邦を崩壊させる原動力になっていったのである。

根が深い民族の憎悪

　アゼルバイジャンにおけるナショナリズムを見て気がつくことは，中央ア
ジアのトルコ民族主義とくらべて地域主義の傾向が強く，排他主義が徹底し
ていることである。アルメニア人との激しい紛争が，結果的にアゼルバイジ
ャン人の民族観を厳しいものにし，排他的な行動をとらせていると言えよ
う。
　アゼルバイジャン人とアルメニア人は，なぜかくも激しく対立し合うのだ
ろうか。これに答えを出していくのはたいへん難しい。ある人はそれを言語

や宗教の違いから説明し，別な人は境界紛争にその原因を求めようとする。

　しかし，これだけですべてを説明しきれない。あと一つどうしても加えなければならないのは経済的な理由である。アルメニア人は，昔から商売の才に恵まれていることで有名な人たちである。こうした彼らが帝政ロシアの支配時代にやっていたことが今現在に至るまで尾を引いていて，それがアゼルバイジャン人の敵意，憎悪を煽る遠因になっていることも忘れるべきではないだろう。

　商人としてアゼルバイジャンの各地で手広く商売，貿易をおこなっていたアルメニア人は，時に高利貸しのようなことをしながらアゼルバイジャン人から搾取するということをやっていた。また，バクーのような都市だと，アルメニア人が石油関係の会社を経営する資本家で，アゼルバイジャン人の方は，その下で使われる労働者ということも決して珍しいことではなかった。

　これに対して農村に行くと，アゼルバイジャン人とアルメニア人の立場は，まったく逆転する。ボリシェヴィキとしてロシア革命に飛びこんだミコヤン Mikoyan というアルメニア人の革命家が書いた回想録を読むと，当時の農村では地主の多くがアゼルバイジャン人であり，これに対して小作人はアルメニア人である場合がごくふつうの状況だったという。

　このように帝政ロシアが支配するアゼルバイジャンの都市と農村では，二つの民族はそれぞれの経済的な関係において鋭く対立していた。ソ連邦の時代になってからこうした関係は清算されたかに見えたが，過去の忌まわしい記憶は彼らの頭のなかから容易に消しさることができなかった。深層心理の部分ではなお，おたがいへの反感が根強く残り，これがナゴルノ＝カラバフ紛争に際して一気に堰を切るように噴き出たと言うことができよう。

　今のアゼルバイジャン人は，アルメニア人に対する敵意，憎悪をバネにしながら民族意識を強め，また社会主義体制に代わるナショナリズムの体制を支えているのである。

南北アゼルバイジャンにおける民族主義の違い

　二つのアゼルバイジャンのなかでトルコ民族主義の思想と行動が鮮明に出てくるのは，かつて帝政ロシア，ソ連邦の支配下にあった北の地域である。そこでは現在，トルコ系の民族国家がつくられている。これに対してイランという国の枠組みのなかにとどまった南の地域ではトルコ民族主義の傾向はさほど強くない。しかし，イランという国を多民族性という視点から見直していくことは重要である。

∗ 第VI章 ∗

変転するトルコ人の
民族意識

　バルカン諸民族の独立運動に直面したオスマン帝国
は，国の生き残りをはかるためムスリムと非ムスリムの
差別をなくし，「国民」としての意識を喚起して国の結
束を固めていこうとした。このため上からのナショナリ
ズムとしてのオスマン主義，イスラーム主義が打ち出さ
れた。しかし，その努力にもかかわらず被支配民族の心
をつなぎとめることはできず，最終的にはトルコ人中心
の国家をめざす民族主義が優勢になっていった。

ミッレト制の解体から生まれてきた民族

「われはトルコ人なりと言いうる者はなんと幸せなことか！」

　これは，トルコ共和国建国の父ケマル・アタテュルク Atatürk（1881－1938）が幾度となく繰り返し口にした有名な言葉である。第一次世界大戦での敗北，それに続くオスマン帝国分割の危機を前にしてアタテュルクは，民衆に向かってトルコ人としての自覚と誇りをもつよう鼓舞し，それを盾にして祖国防衛戦争を戦い抜き勝利した。そして，ついにオスマン帝国に代わるまったく新しい民族国家としてのトルコ共和国を誕生させた。

　アタテュルクこそはトルコ人としての文化的な覚醒を共和国建設という政治的ナショナリズムにまで昇華させ，成功に導いた最大の功労者であった。以下においてはオスマン帝国末期からトルコ共和国成立期にかけてトルコ民族主義が文化的，政治的にどのように形成されてきたのか，その道筋を見ていくことにしよう。

　ところで，中央アジアとアゼルバイジャンにおけるトルコ民族主義が，帝政ロシアの植民地支配体制をロシア革命によって打ち壊すところから出てきたことは，すでに見てきたとおりである。これに対してオスマン帝国末期からトルコ共和国成立期にかけてのトルコ民族主義は，何を否定することによって生まれてきたのであろうか。

　これを考えていくためには，すでに第Ⅲ章で述べたオスマン帝国のミッレト制にまで戻って見ていかなければならない。ミッレト制というのは，改めて繰り返すまでもないがアナトリア，バルカン，アラブ地域に住む，さまざまな言葉を使う多様な人びとを宗教，宗派によって分け，イスラーム，キリスト教の各派，ユダヤ教の共同体をそれぞれ国家システムのなかに取りこんで統治していこうという制度であった。

　このミッレトと呼ばれる宗教共同体は，人びとの暮らしに絶大な影響力をもち，それがゆえに帰属意識の対象としてはオスマン帝国という国家よりある意味でははるかに重みをもっていた。しかし，近代を迎えると，このよう

トルコ共和国建国の父ケマル・アタテュルク

なミッレトの内部で言語，文化，歴史の違いが自覚され，それが強調される
ことによってミッレトとは組織原理を異にする新しい集団，すなわち民族が
つくり出されてくるようになる。

　オスマン帝国におけるナショナリズムは，このようにミッレトが分解し，
民族という新しい集団が創出されることによって生まれてくるが，そのプロ
セスはきわめて複雑なかたちをとった。というのは，複合的に存在するミッ
レトそれぞれの状況に応じて民族形成の時期が異なり，生み出される民族も
多様であったからである。

　ところで，アラブやボスニアのイスラーム教徒と同じミッレトをつくって
いたトルコ系の人たちは，オスマン帝国のなかで支配層を構成していたにも
かかわらず民族意識の形成ということではバルカンのキリスト教徒諸民族に
遅れをとり，またトルコ民族主義にたどりつくまでに幾多の変転を重ねなけ
ればならなかった。なぜそうなったのかを考えるため，以下においてまずト
ルコ民族主義に先行するナショナリズムの流れを追っておくことにしよう。

バルカン諸民族の独立

オスマン帝国のなかでミッレト制をいち早く重荷と感じるようになったの

は，ギリシア正教会とそれから分派した教会組織に属するギリシア系，セルビア系，ブルガリア系の人びとであった。彼らの多くはイスタンブルからバルカンにかけて居住していたが，地理的に西ヨーロッパに近いせいもあり，早くから資本主義の商品経済の網の目のなかに組みこまれていた。このため，彼らのところには西ヨーロッパにおける国民国家の概念，世俗的なナショナリズム観が早くから浸透し，これが民族の覚醒となって現れたのである。

　ギリシア正教会がつくる宗教的なミッレトに最初に反発したのは，ギリシア系の商人，海運業者であった。彼らはその広範な商業ネットワークを使って子弟をヨーロッパに滞在，留学させていたが，そこから宗教ではなく言語，文化の共通性にもとづく民族の観念を知るようになっていた。

　このような世俗的なギリシア人の民族運動は，1830年，オスマン帝国からのギリシア独立となって実を結んだ。また，これと同じ時期にセルビア人，さらに遅れてブルガリア人もギリシア正教徒のミッレトから離れ，独自に民族形成をおこなっていった。

　これらスラヴ系諸民族の独立心は，ギリシア人同様，強烈であった。長い間，彼らは，その信仰内容が近いということでギリシア正教会に所属させられてきた。しかし，典礼をギリシア語ではなく自分たちのスラヴ系の言葉で，また，聖職者の任免も中央の総主教座からの押しつけではなく，独自におこないたいという欲求を日増しに強めていた。これがギリシア正教会からの独立，次いでオスマン帝国からの独立へと彼らを駆り立てたのである。

　こうしたバルカンのスラヴ系諸民族の動きは，オスマン帝国に対する独立運動の面だけが強調されがちである。しかし，その前にオスマン帝国の権力と結びつき，それを笠に横暴のかぎりを尽くしていたギリシア正教会という組織に対する怒りの気持ち，反発がまずあったことを忘れるべきではないだろう。

　ブルガリアの作家ターレフの書いた『鉄の燈台』（1952年初版）という小説は，19世紀前半になって経済的に力をつけてくるブルガリア商人を中心

に起きたギリシア正教会に対する抵抗運動を見事に描いたものだが，この小説から，バルカンのナショナリズムがまずミッレトという宗教的な権威に対する反抗として現れ，次いでオスマン帝国に対する反乱に発展していったことが分かるはずである。

役に立たない「防衛のナショナリズム」

　オスマン帝国にとってこのようなバルカン諸民族の帝国からの離脱は，由々しき事態であった。これを食い止めるためオスマン帝国は，ミッレトを軸にしてできていた伝統的な国家システムを変革し，近代化していく荒療治に乗り出さなければならなかった。

　ギリシアの独立，セルビア自治公国成立後の1830年代末にはじまるタンジマート Tanzimat という名で知られる改革は，イスラーム教徒とキリスト教徒の差別をなくし，後者を帝国内につなぎとめていこうとするものであった。

　ミッレトは建前上，宗教によって差別をせず平和的な共存をうたっていたが，実際にはイスラーム教徒の絶対的な優位を前提にして成り立っていた。タンジマートは，こうした欺瞞的な制度にメスを入れ，宗教に関係なくすべての臣民に平等な権利と義務を与えていくことによってオスマン帝国の国民という意識を生み出していこうとしたのである。

　この改革は，バルカンの民族運動に危機感を抱くオスマン帝国が上から主導しようとしたある種の「防衛のナショナリズム」にあたり，ふつうオスマン主義という名で呼ばれている。『想像の共同体』（1983年）を著したベネディクト・アンダーソンは，このような国家主導のナショナリズムを「公定ナショナリズム」と呼んだが，これは，オスマン帝国と同じように多民族国家であった同時期の帝政ロシア，ハプスブルグ帝国でも見られたものであった。

　しかしながら，このオスマン主義をもってしてもバルカンの諸民族をつな

ぎとめることはできなかった。1877～78年の露土戦争の敗北，その直後の
セルビアの正式独立，ブルガリア自治公国の成立によってバルカンの領土
は，マケドニア，アルバニア，トラキア Trakya を除きいずれもオスマン帝
国の手から離れた。

　この後，オスマン帝国が取った方法は，キリスト教徒との共存を後景に退
かせ，トルコとかアラブとかの別なくイスラーム教徒としての仲間意識を高
め，イスラーム教徒のミッレトを近代的に生き返らせて国を再生させていこ
うとする道であった。これはオスマン主義の失敗の後に出てきた二番目の，
国の主導による上からの防衛のナショナリズムと言えるもので，一般にはイ
スラーム主義と呼ばれている。

　しかし，このイスラーム教徒としての意識を国民意識にまで高めていこう
とする政策も思惑どおりには進まなかった。共通する信仰にことよせてアラ
ブの人びとに仲間意識を吹きこもうとしても期待するような手ごたえを得る
ことができなかったからである。

　彼らは，1850年代からレバノンのマロン Mārūnī 派キリスト教徒を中心
に言語ナショナリズムの運動を起こし，次いで1880年代に入ると，イスラ
ーム教徒のアラブも同じように言語・文化改革に取り組みながら民族意識を
強め，オスマン帝国に背を向けはじめていた。また，これとは別に1878年
以降，ボスニアのイスラーム教徒がオーストリア＝ハンガリー帝国の軍事占
領によってその支配下に入ってしまったこともオスマン帝国には痛手であっ
た。

　このような八方ふさがりの状況のなかでトルコ系の人たちは，もはや誰に
たのむこともなく独力でオスマン帝国を立て直していかなければならないと
ころに追いこまれた。支配者として胡座をかいていることは許されず，自分
たちが何者であるのかを問いながらトルコ民族主義を呼びかけていかなけれ
ばならなかったのである。

歴史学の立場からトルコ民族としての意識を強め
ていこうとしたネジブ・アースム

トルコ民族史の開拓者

　歴史という過去の記憶をたどりながらトルコ民族としての意識を強めてい
こうとした人にネジブ・アースム Necib Asım という人がいる。文化的なナ
ショナリズムの発展を述べていくにあたり，まずこの人の紹介からはじめる
ことにしよう。

　1861年，当時，オスマン帝国領であったシリアに生まれたネジブ・アー
スムは，生まれ故郷で教育を受けた後イスタンブルに出て，陸軍大学に入
学，1880年，そこを卒業した。その後は陸軍の教育畑を主として歩き，軍
人というよりはむしろ，歴史学者，言語学者として生きた人である。

　彼は，当時，ヨーロッパでさかんであった比較言語学の方法によるトルコ
系諸語の研究に大変な関心をもった。その結果は，1895年に『ウラル・ア
ルタイ諸語』，1899年に『最古のトルコ語碑文』という2冊の書物となって
出版された。

　すでに第Ⅰ章でフィンランド人ヘイケルによる1891年のオルホン碑文発
見，1893年のデンマーク人トムセンによる解読について触れたが，これら
最新の研究成果がさほど時をおかず，むしろ驚くべき早さでもってヨーロッ
パからネジブ・アースムのようなトルコ人のもとにも達していたことが，こ
れから分かるだろう。

しかし，彼の本領は言語でなく歴史にあった。1896年に出版されたフランス人レオン・カーウン Léon Cahun の『アジア史序説』は，とりわけ彼の心を虜にした。この本はユーラシアに広く分布するトルコ系諸民族の歴史を雄大な構想のもとに古代から書き起こしたものであった。これにインスピレーションを得て1900年，『トルコ民族史』を世に問うたのである。

　この本は歴史叙述のスタイルにおいて画期的であった。それまで歴史は，次のような二つのスタイルをとって書かれていた。一つはオスマン帝国の王朝史というジャンルである。これはアナトリアに侵入したトルコ系遊牧民の歴史からはじまり，時間の縦軸に沿ってオスマン帝国の発展を書いていくのを特徴とする。

　そして，あともう一つは，イスラーム史のジャンルである。これは，イスラームの勃興から筆を起こし，その後のイスラーム諸王朝の歴史をたどりながらオスマン帝国に至る全史を叙述していこうとするもので，宗教共同体の発展ということにもっぱら史眼がおかれていた。

　これに対してネジブ・アースムが書こうとしたのは，トルコ民族の起源から説き起こし，その後，モンゴル高原から中央アジア，イラン，ザカフカスを経てアナトリア，バルカン，アラブ地域に民族移動していき，オスマン帝国という大国家を最終的には建国するトルコ系諸民族の移動を横糸にして，その時間的な流れを追っていく歴史であった。

　本書も踏襲する，このいわゆるトルコ民族史という歴史叙述のスタイルは，今ではさほど斬新には見えないかもしれない。しかし，当時は画期的なものであった。民族のルーツにまでさかのぼってユーラシア規模でトルコ民族について認識することはそれまでまったくなく，歴史の見方を180度転換させるものであった。

　また，ネジブ・アースムのこのような歴史観と叙述のスタイルは，その後の影響ということを考えるときわめて重要である。トルコ共和国が1923年に成立すると，中学，高校の歴史の教科書は，彼が敷いた路線にほぼしたがって書かれていくようになり，これを通じて民族主義の思想と精神は，広く

トルコの中学生向け歴史教科書

深く人びとの心のなかに刻みこまれていったのである。

　ちなみに，これらの教科書は日本語にも翻訳されている。細かい事実は別にしてトルコ民族主義にもとづく歴史がどのように構成され，書かれているかを知るのにきわめて役に立つものである。

言語の改革家シェムセッティン・サーミー

　ネジブ・アースムの同時代人で，言語の面から文化的ナショナリズムを発展させた人にシェムセッティン・サーミー Şemsettin Sami（1850-1904）という人がいる。

　この人は，1850年，今のギリシア北部，ヤンヤ Yanya 州のフラシェル Fraşer という町に生まれた。すでに述べたクリミア・タタールの言語，教育改革家で「共通トルコ語」運動を帝政ロシア領内で進めたガスプラルの生まれる1年前のことである。

　彼の生まれ故郷はギリシアといっても当時はオスマン帝国の領内にあり，しかも民族的にはアルバニア人が多く住むところであった。彼自身もアルバニア人である。しかし，このあたりは昔からギリシア文化の影響が強いところで，学校はギリシア語で教育する地元のギムナジウムに入学した。ここで

彼は青春の一時期をギリシアの古典に馴れ親しんですごした。

　しかしながら，彼が生涯をかけて改革に取り組んだ言語は，母語のアルバニア語でもギリシア語でもなかった。彼は，当時のオスマン帝国の知識人の例にもれず，トルコ語にも通じていた。1871 年，故郷を出てタンジマート改革末期のイスタンブルにやってくると，内務省に役人として勤めるようになり，オスマン・トルコ語の改革に着手するようになった。

　1880 年，サーミーは『ハフタ』という名の週刊新聞を創刊，これにたくさんの言語改革に関する論説を載せ，言語ナショナリズムの先頭に立った。たびたび触れるクリミア・タタールの改革家ガスプラルが有名な新聞『テルジュマン』を創刊したのが 1883 年のことであるから，これよりかなり前にオスマン帝国では言語の面からの文化的ナショナリズムがスタートしたと言えるだろう。

　彼の関心は，ヨーロッパの比較言語学者とは違っていた。トルコ民族の起源問題を念頭においたオルホン碑文のような古い死語でも，また方言の比較研究でもなかった。

　彼が重要だと考えたのは，昔から帝国内で使われてきた書き言葉としてのオスマン・トルコ語を誰もが使えるような汎用性の高い言語に改め，それによってオスマン帝国に住んでいる人びとのあいだにトルコ系か否かを問わず同じ国民，同じ民族としての意識をつくり出していくことであった。

オスマン・トルコ語の改革

サーミーは，民族形成のもとになるものを言語だと考えた。このことは彼の次のような発言にうかがえる。

　　一つの民族，一つの人種が等しく共有する最初のシンボル，その土台になるもの，共通の財産は，彼らが話す言語である。一つの言語を話す人びとは，一つの民族，人種を形成していく。それゆえ一つの民族は，まず最初にその言語を整えていかなければならない。（クシュナー『トル

コ民族主義の起源　1876-1908』ロンドン，1977 年，翻訳筆者）

　バルカンに新しい民族国家がいくつかできたとはいえ，オスマン帝国には
まだたくさんのトルコ系以外の人たちが住んでいた。また，トルコ系の言葉
を母語とする人たちでもイスタンブルのような大都市を出て一歩，田舎に足
を踏み入れてみると農民や遊牧民は，それぞれかなり違った方言を使ってコ
ミュニケーションをとっていた。

　このように 19 世紀の末になってもオスマン帝国の言語状況は多様であっ
た。こうした状況をオスマン・トルコ語の簡易化，共通語化によって改善
し，少しでもオスマン帝国の国民，トルコ人という民族意識が出てくるよう
にしようとするのがサーミーの意図であった。

　このためにサーミーは書き言葉としてのオスマン・トルコ語をできるだけ
田舎の農民，遊牧民が使っている話し言葉に近づけようとした。オスマン・
トルコ語は，トルコ系の言葉といっても本来，イスタンブルの宮廷人や知識
人が長い歳月をかけて洗練してきたものだけに語彙の点ではアラビア語，ペ
ルシア語が多量に入りこんでいる。また，長文でやたらに言い回しがくど
く，日常話される言葉とは天と地ほどの違いがあった。

　こうした欠点をもつオスマン・トルコ語を改めていくために，サーミー
は，文の構造をできるだけ短くし，話し言葉の構文法に近づけようとした。
また，語彙についてはイスタンブルの町っ子が好んで使う語彙，また知識人
が野卑で下品だと軽蔑するアナトリアの田舎の言葉から語彙を採集し，これ
らをペルシア語，アラビア語に置き換えていった。

　さらに彼は，オスマン・トルコ語を本来のトルコ系言語として生き返らせ
ていくために中央アジアのチャガタイ・トルコ語から語彙を取り入れていこ
うともした。サーミーは，アナトリアに移住したトルコ系の人たちの祖先に
あたる中央アジアの人びとの言葉により古く，純粋な語彙が残っていると信
じていたのである。

　かくしてサーミーは，このようにオスマン・トルコ語をやさしくすること
によって，書き言葉と話し言葉，都市の人間と田舎の人間との差を縮め，さ

らにオスマン・トルコ語をトルコ系の言葉が母語でない人びとにも分かる共通語にすることによって，帝国内の人びとの意識が統一されると期待したのである。

文化をキーワードにしてみたジヤ・ギョカルプ

ネジブ・アースムとシェムセッティン・サーミーが敷いた文化的ナショナリズムを発展させ，青年トルコ人革命の時代からトルコ共和国成立期にかけてもっともすぐれた民族文化論を展開したのはジヤ・ギョカルプ Ziya Gökalp（1876-1924）という思想家である。

彼は，アナトリア南東部，チグリス川に沿うディヤルバクル Diyarbakır という町に生まれた。この町からイラク北部にかけて広がる地域は，現在，クルド人の分離独立運動がもっともさかんなところであり，昔からトルコ人に交じってクルド人が多く住むところとして知られる。

一説にジヤ・ギョカルプにもクルド人の血が入っていると言われるが，クルド人と常に向き合って暮らしていかなければならぬところに生を享けたことが，民族の問題を彼に関心をもたせ，熱烈なトルコ民族主義者にしていったと言えるだろう。

1896年になって彼は首都のイスタンブルに遊学の旅に出る。そこで彼は，すでに第Ⅴ章で触れたアゼルバイジャンからイスタンブルに来ていたパン・トルコ主義者ヒュセインザーデ・アリーの講義を聴く機会をもち，それに影響されてトルコ民族主義にますますのめりこんでいった。

しかし，滞在わずかにして政治的な秘密結社の活動に関与したかどでイスタンブルを放逐され，故郷に舞い戻ることを余儀なくされるが，1908年，青年トルコ人革命が起きると革命の震源地であるバルカン半島の町サロニカ Selanik（現ギリシア領テッサロニキ Thessaloniki）に移り，次いでイスタンブルに居を変え，若き革命家たちと交わりながらその思想的ブレーンになっていった。

ネジブ・アースム，シェムセッティン・サーミーのトルコ民族文化論を発展させたジヤ・ギョカルプ

　ところで，ジヤ・ギョカルプは，サーミーと違って言語だけから民族というものを考えなかった。彼にとって民族を形成していく要素はもっと複雑だった。言語はもちろん，この他に宗教，倫理・道徳，過去の記憶としての詩・文学，芸術，工芸など，およそ人間が生み出すあらゆる文化的な諸要素がからまって民族というものがつくられると彼は考えたのである。

　ギョカルプは文化のなかでもとりわけ民衆が昔から口承の形で伝えてきた神話・伝説，英雄叙事詩などフォークロアを重視した。目に一丁字なき民衆が気の遠くなるような時間をかけて語り継いできた素朴な文学のなかに力強い，生命力溢れる民族精神の源流があると確信し，これを掘り起こしていくことに情熱を注いだのである。

　このため彼はアナトリアの農民，遊牧民が伝えてきた口承のフォークロアを熱心に採集し『クズル・エルマ』としてまとめた。また，中央アジアのトルクメニスタン，アゼルバイジャンからアナトリアにかけての広い地域に流布する英雄叙事詩『デデ・コルクトの書』に高い評価を与え，そのトルコ民族の概念をふくらましていったのである。

青年トルコ人革命

　オスマン帝国における以上のような文化的なナショナリズムの動きを体で受けとめ，誰よりもトルコ人としての意識を強くもってそれを政治のうえで実現していこうとしたのは「青年トルコ人」と一般的には呼ばれた若き革命家たちである。

　彼らの活動は，1876年に成立した立憲体制を停止し，スルタン＝カリフの権力を強めて専制体制をしいていたアブデュルハミト2世 Abdülhamit Ⅱ（在位 1876‐1909）の時代に政治的秘密結社「統一と進歩委員会」をつくるかたちではじまった。この結社は，首都のイスタンブルにあった軍医学校の学生によって最初につくられたが，次第にその活動の中心はオスマン帝国に残されたバルカン領の拠点サロニカに駐屯する軍隊の青年将校たちの手に移っていった。

　彼らは俊敏な頭脳をもつ，選りすぐりの知的エリートであった。士官学校で受けた教育はイスラーム神学校の教育とは違う最先端の近代的な学問であったが，彼らをナショナリズムの運動に駆り立てたものはこうした素養だけ

COLUMN
トルコ民族の心　英雄叙事詩

　　イラン人が『シャー・ナーメ（王書）』を民族の誇りとするように，トルコ系の人たちも民族の記憶が刻印される神話・伝説，英雄叙事詩を大事にする。なかでもモンゴルの始祖伝説とモチーフを共通にする狼伝説（ボズクルト・デスタン Bozkurt Destan），シルクロードに沿って移動した大部族集団の英雄を主人公とする『オグズ＝ハン説話』はよく知られる。邦訳があり，容易に読めるものとして『マナス』と『デデ・コルクトの書』がある。それぞれ中央アジア，アゼルバイジャンを舞台とする英雄叙事詩の傑作である。

トルコを訪問したドイツ皇帝ヴィルヘルム2世（左）と並ぶア
ブデュルハミト2世（右）

でなく，何よりも彼らが置かれた状況から出てくる憂国の情であった。

　青年将校たちの所属する軍隊が管轄するマケドニアでは，オスマン帝国の
なかでも民族問題がもっとも激しく噴出する地域であった。オスマン帝国か
らすでに独立したギリシア，セルビア，ブルガリアがそれぞれ自国の領土だ
と主張して膨張主義的な活動を続けていたのみならず，そこに住むスラヴ系
住民もようやく民族意識を強め，オスマン帝国に対するゲリラ活動を激しく
おこなうようになっていた。

　青年将校たちに課せられた任務は，このような不穏なゲリラ活動を鎮圧
し，マケドニアをオスマン帝国領としてあくまでもつなぎとめておくことに
あった。この民族問題の最前線に立つ経験が，彼らを筋金入りの愛国心溢れ
るトルコ民族主義者に仕立て上げ，革命の志士に変身させていったのであ
る。

　1908年，サロニカに駐屯する青年将校たちは，エンヴェル・パシャを中
心に青年トルコ人革命を決行した。この革命は，アブデュルハミト2世の専
制体制を倒して立憲体制を復活させるという目的もあったが，同時にイスラ
ーム主義に代えてトルコ民族主義を確立していくという，ナショナリズム革
命の性格ももっていた。

ただ，オスマン帝国におけるトルコ民族主義の現れ方は，すでに述べたロシア革命時における中央アジア，アゼルバイジャンのそれとくらべると，ずいぶん違うものであったと言えるだろう。後者の場合，帝政ロシアの支配，統治に苦しむ弱者としてのトルコ系の諸民族が，ロシア革命というチャンスをとらえて社会主義との対抗関係のなかで起こしたナショナリズムの運動という面が強かった。

　これに対して青年トルコ人革命は，支配者の側に立つトルコ人が帝国の多民族的構造から離れていこうとする被支配民族を飴と鞭で押さえつけながら，トルコ人の絶対的優位を確立していこうとする上からの防衛のナショナリズムという性格をもっていたのである。

肥大化するトルコ民族主義

　それでも革命の当初，政府は帝国内に残る少数民族であるマケドニアのスラヴ系住民，アルバニア人，ギリシア人，アルメニア人，アラブの権利をできるだけ尊重していこうとする立場をとった。しかし，だんだんと被支配民族の権利を守るよう主張する地方分権派とトルコ人至上主義を掲げる中央集権派とのあいだで溝が深まっていった。

　この対立は1909年の，いわゆる「三月三十一日事件」と呼ばれる地方分権派がからんで起きた反革命でピークに達した。これに危機感を抱いた青年トルコ人革命の指導者たちはこれ以降，トルコ人至上主義をますます鮮明に打ち出し，民族の概念に磨きをかけていくことになる。

　彼らは折しも，帝政ロシアからオスマン帝国に亡命してきたトルコ系知識人と協力しながらトルコ民族主義の宣伝に努め，それをオスマン帝国にとどまらず帝政ロシア領内，さらにはユーラシア一帯で受け入れらるようなパン・トルコ主義に肥大化させていった。

　これらオスマン帝国にやって来た亡命者のなかには，ヴォルガ・タタール出身のユースフ・アクチュラ Yusuf Akçura（1876-1935），アゼルバイジ

トルコ民族のすぐれた文化遺産により，人びとの啓蒙に努めた「トルコの炉辺」のメンバー（1928年頃）前列左端にユースフ・アクチュラの姿もみえる

ャン出身のヒュセインザーデ・アリー，同じくアフメト・アアオウル Ahmet Ağaoğlu（1869-1939）のようなきわめてすぐれた理論家が多かった。

　彼らは「血の日曜日事件」でよく知られる1905〜6年のいわゆる第一次ロシア革命でトルコ系諸民族の権利拡大をめざして戦った闘士であった。しかし，その運動が挫折すると，1908年に起きた青年トルコ人革命にトルコ民族主義の光明を見出し，亡命してきたのである。

　彼らはすでに述べたオスマン帝国の側を代表するトルコ民族主義者であるネジブ・アースム，ジヤ・ギョカルプ等といっしょになって1911年，「トルコの炉辺」という文化的なサークルを設立した。この組織は，過去の偉大なるトルコ文化の遺産を掘り起こしながらそれを一般の人びとに伝え，啓蒙していくことを目的としていた。その支部はオスマン帝国にとどまらずアゼルバイジャン，中央アジアにも設けられた。

　このような文化的なパン・トルコ主義的活動によってトルコ人たちは第一次世界大戦がはじまる直前までにその民族の概念をますますふくらませていった。このことは，ジヤ・ギョカルプの次のような言葉によく出ている。

　トルコ人にとって故郷はトルコでもなくトルキスタン［中央アジア］で

もない。広大で永遠に続くトゥランである。(1911 年発表の詩「トゥラン」より)

　トゥランとは，第Ⅱ章ですでに言及したペルシアの大詩人フィルドゥスィーの『シャー・ナーメ (王書)』の世界観では，イランと中央アジアとの境をなすアム川より東にある野蛮な遊牧民が跋扈する広漠たる砂漠，オアシス，草原地帯を意味する。しかし，ジヤ・ギョカルプにあってトゥランとは，アドリア海，バルカンからシベリア，中国にまで至る文化を同じくするトルコ民族が住む地域ととらえられるようになっていた。

　この時期のトルコ民族の概念はここまで拡大解釈がされるようになっていたのである。

エンヴェル・パシャの野望

　以上のように肥大化した文化的なパン・トルコ主義は，第一次世界大戦直前になってエンヴェル・パシャ等，青年トルコ人革命の首謀者たちがオスマン帝国政府権力の中枢を占めるに及んで政治的な膨張主義，野望へとさらにふくらんでいった。

　周知のようにエンヴェル・パシャたちは 1908 年の青年トルコ人革命においてまぎれもなく主役であった。しかし，彼らの大部分は軍隊の階級で言うと当時，尉官クラスの少壮士官にすぎず，位階で上下関係が決まるオスマン帝国のなかでは革命後といえども将官クラスの高級軍人や老練な政治家にはなかなか頭が上がらなかった。

　このため，青年トルコ人たちは，最大の功労者であったにもかかわらず革命後も内閣に入れず，不遇をかこっていた。この上下関係のしがらみは，何やらわが日本において昭和初期に二・二六事件を起こした青年将校の姿を思い起こさせるものがあると言っていいだろう。

　しかしながら，こうした不自然な政治的状況は，1912～13 年に起きたマケドニアの領有権をめぐるオスマン帝国とギリシア，ブルガリア，セルビア

陸軍大臣時代のエンヴェル・パシャ

との間の二度にわたるバルカン戦争によって壊される。第一次バルカンにお
いてオスマン帝国は，バルカン三国の連合軍に敗北を喫し，マケドニアを含
むバルカン領土の大半を失った。

　しかし，第二次バルカンにおいてエンヴェル・パシャは，ギリシア，セル
ビアの二国を誘いこみ，戦勝国として漁夫の利を占めるブルガリアを敵にま
わして戦い，失った領土の回復に獅子奮迅の働きをした。マケドニアを取り
戻すことはできなかったものの，現在のヨーロッパ側のトルコ領にあたる東
トラキアの回復には成功した。

　これによってエンヴェル・パシャは，一躍救国の英雄となり，その功によ
って陸軍大臣に任命された。彼の盟友であるタラート・パシャ Talat Paşa
（1874 - 1921），ジェマール・パシャ Cemal Paşa（1872 - 1922）もそれぞれ
内務大臣，海軍大臣として入閣を果たし，ここに三頭政治の体制ができあが
った。

　青年トルコ人たちがこのように政治の実権を握り，次いで第一次世界大戦
に参戦していくと，戦略的な観点からパン・トルコ主義はきわめて重要な政
治性を帯びるようになっていく。オスマン帝国は，ドイツ，オーストリア＝
ハンガリー帝国との同盟にしたがってイギリス，フランスを敵にまわしてシ
リア戦線で戦い，帝政ロシアとは東部アナトリアからザカフカスにかけての
地域を戦場として干戈を交えた。

この帝政ロシアとの戦いを有利に進めていくためオスマン帝国は，アゼルバイジャン，中央アジアのトルコ系諸民族に対して戦略上，種々の工作をしていかなければならなかった。このためこれらの諸民族のもとに使節がたびたび送られ，頻繁に接触がなされた。この過程で膨張主義的な大トルコ民族国家構想のようなものが頭をもたげてきたのである。

かくして，政治的なパン・トルコ主義は，第一次世界大戦期にその頂点に達する。この流れはロシア革命が起き，アゼルバイジャン，中央アジアが混乱の極みにあった時期においてもしばらく続いた。

すでに述べたアゼルバイジャンの民族主義政権の支援を目的としたオスマン軍の出兵，また，第一次世界大戦の敗北によって国外逃亡を余儀なくされたエンヴェル・パシャが，中央アジアに亡命してバスマチのゲリラ活動に加わり非業の死をとげたのはその一例である。

オスマン帝国分割の危機

しかしながら，パン・トルコ主義は，オスマン帝国の第一次世界大戦での敗北，それに続く戦勝国による帝国領土の分割によって力を失っていった。ふつう，このオスマン帝国の領土喪失問題については，1920 年に結ばれたセーヴル講和条約に盛りこまれた委任統治，勢力範囲の条項にもとづいてオスマン帝国とヨーロッパ列強との関係という視点から議論されることが多い。

しかし，パン・トルコ主義が影響力を弱め，その後におけるトルコ民族主義がどのようになっていったのかを考えていくには，1918 年 10 月の休戦協定直後にはじまる連合国軍の進駐・占領に続いて起きた，隣国ギリシアとアルメニアによるオスマン帝国の侵略との関係でとらえていくことが大事だろう。

ギリシアとアルメニアは，それぞれオスマン帝国の西と東にある隣国であるが，彼らと言語，文化を同じくする人たちはオスマン帝国の領内にも多

ギリシア首相ヴェニゼロス (1928年頃)

数，住んでいた。これら国外，国内のギリシア人，アルメニア人との関係が
トルコ民族主義の行方にきわめて重要な役割を演じていくことになる。

　こうしたなか，ギリシアは，第一次世界大戦の終結から半年ほど経った
1919年5月，エーゲ海から軍をイズミル İzmir に上陸させ，ギリシア系の
人たちが多く住む西部アナトリア地方を占領下においた。この進駐は表面
上，すでにアナトリアで占領体制を敷いていたイギリス，フランス，イタリ
アを支援するという名目でおこなわれたが，真意は別なところにあった。

　当時，ギリシアで首相の地位にあったのはヴェニゼロス Venizelos（1864
−1936）という人物である。彼の出身地はクレタ Crete 島であった。ここは
1830年のギリシア独立後もオスマン帝国領として残されたが，このためヴ
ェニゼロスは，若い頃から本土復帰運動に身を投じ，熱烈なパン・ギリシア
主義者になった。隣のオスマン帝国でエンヴェル・パシャがパン・トルコ主
義の活動に狂奔していたときに，ギリシアにも彼顔負けの人物が登場したの
である。

　この狂信的なナショナリストの首相就任によってギリシア人は，ヘレニズ
ム，ビザンツ帝国時代のような広大な領土を有する国家という大きな理想
（メガリ・イデア Megali Idea）に向かってひた走っていくことになる。
1919年の進駐はこのようなギリシア人のむき出しの併合欲から出た侵略に

ほかならなかったのである。

　他方，アルメニアという国もギリシアに劣らず攻撃的であった。この国は
ロシア革命後の1918年5月，すでに述べたアゼルバイジャンのミュサーヴ
ァト党の民族政権と同じ時期にザカフカスに誕生した民族国家の一つである
が，第一次大戦での敗北によってオスマン帝国が弱体化し，東部アナトリア
地方が無政府状態に陥ると，ここを併合して大アルメニア国家を建設しよう
としていた。

　東部アナトリアは，オスマン帝国のなかでアルメニア人がもっとも集中し
て住む地域である。19世紀末以来，彼らによってアルメニア民族主義の影
響を受けた反乱が何度か起こされた。また第一次世界大戦中にはトルコ人，
クルド人とのあいだで不幸な衝突事件が発生し，多数のアルメニア人が命を
落とした。こうした悲しい運命を背負った同胞を引きこんで国をつくろうと
いうのがアルメニアの野望であった。それが国境を越えたオスマン帝国領内
への侵略となって現れたのである。

アナトリア・ナショナリズムへの道

　しかし，このように東西のアナトリアの地域が危機的な状況に直面しても
オスマン帝国は，何ら有効な手を打つことができなかった。こうしたなか国
土の防衛のため戦いに立ち上がったのがアタテュルクであった。彼はあらゆ
る階層の人びとをアナトリア・ルメリ権利擁護団という抵抗組織にまとめあ
げ，オスマン帝国に代わるトルコ共和国への道を切り開いていった。

　新国家建設の過程でアタテュルクが全力を傾けていかなければならなかっ
たのは，アナトリアという大地をあくまでも守り通していくことであった。
バルカンとアラブ地域は失っても，アナトリアだけはトルコ人のための新し
い民族国家の領土としてどうしても確保しなければならないところであっ
た。

　このため1919年から22年にかけて辛く，長い戦争が東部戦線と西部戦線

においてそれぞれアルメニアとギリシアを相手に続けられた。しかし，これらの戦争もキャーズム・カラベキル Kâzım Karabekir（1882-1948），イスメト・イノニュ İsmet İnönü（1884-1973）という二人のすぐれた将軍に率いられたトルコ国民軍の献身的な戦いによっていずれも勝利し，1923年，トルコ共和国が建国された。

　トルコ人の政治的ナショナリズム，民族主義に対する考え方は，この祖国防衛戦争，トルコ共和国建設の過程で大きく変わった。オスマン帝国末期に勢いを得ていた文化的なパン・トルコ主義，エンヴェル・パシャが唱道した膨張主義的なトゥラン主義とも呼ばれるパン・トルコ主義は，アナトリアの防衛で手一杯の現実と著しくかけ離れており，次第に影をひそめていった。

　これに代わってトルコ人たちが新たに選びとっていこうとしたのは，アナトリアという大地に根ざし，そこを領土として国をつくっていくという考え方である。このアナトリア・ナショナリズムと言ってもいい一国ナショナリズム観は，1921年にエスキシェヒル Eskişehir という町でアタテュルクがおこなった次の演説によく示されている。

　　イスラーム主義もトゥラン主義もわれわれにとっては主義にも論理的な
　　政策にもならない。今後，新生トルコの政策は，独立独歩で生きてい
　　き，民族的領域内でのトルコの主権に依存していくべきである。

　こうしたパン・トルコ主義（＝トゥラン主義）から一国ナショナリズムへの転換は，ジヤ・ギョカルプのような卓越した思想家の考え方にも現れた。彼は，1911年，詩「トゥラン」を発表したときには押しも押されぬパン・トルコ主義者であった。しかし，1923年，トルコ共和国成立直後に出版された『トルコ民族主義の諸原理』という本になると，ユーラシアに散居するトルコ民族の文化的，政治的統合は次の三つの段階に分けて長い時間をかけておこなうべきだ，とその考えを後退させていた。

　彼によれば，まず緊急に取り組まなければならないのは，アナトリアに住むトルコ人の文化的，政治的統合である。次いでトルコ人と地理的にも文化的にも近い，オグズ Oghuz という共通の集団に属すると考えられているア

ゼルバイジャン人，トルクメン人との相互交流，連帯に努めていくべきである。しかし，それよりも遠く離れたヴォルガ川流域，シベリア，中央アジアのトルコ系諸民族との統合は大いなる理想として残しておけばいい。

　これが，パン・トルコ主義者からアナトリア・ナショナリストに変わったジヤ・ギョカルプが最後に残したメッセージであった。

クルド人の挑戦

　アナトリア・ナショナリズムは，バルカンの諸民族，アラブの人たちがオスマン帝国から離れていくなかであれこれと模索してきたいくつかのナショナリズムのうち，オスマン主義，イスラーム主義の後に最後にトルコ人たちがたどりついたものであった。

　しかし，このアナトリア・ナショナリズムは，建国からおよそ100年を経た時代において重大な岐路に立たされている。トルコ人という民族の概念を国民概念に重ね合わせながらトルコ共和国という国家はトルコ人だけから成る国だという，詭弁とも思える論理で押し通そうとしてきたトルコ人至上主義が，母語としての言語を異にする少数民族クルド人の挑戦によって音を立てて崩れようとしているからである。

　トルコ人は，オスマン帝国末期から現代にかけてアルメニア人やギリシア人とのあいだで忌まわしい衝突を幾度も繰り返しながらアナトリア・ナショナリズムを確立してきた。第一次世界大戦中に起きたトルコ人とアルメニア人とのあいだの民族間衝突，また1974年以来続くギリシア人とのキプロス紛争はこの過程で出てきた痛ましい民族問題である。

　そして今の時代，トルコ共和国とそれを支えてきたアナトリア・ナショナリズムが直面するもっとも深刻な民族問題は，分離独立を求めるクルド人の民族運動と言えるだろう。

　アナトリアの南東部に多くの人が住むクルド人の民族意識の形成は，アルメニア人やギリシア人のそれにくらべるとかなり遅く，未熟であった。第一

トルコを活動基盤とするクルド人組織「PKK」
（クルディスタン労働者党）の指導者アブドゥッ
ラー・オジャラン

次世界大戦直後からトルコ共和国の初期にかけて何度か反乱を起こしたこと
もあったが，総じてクルド人が自分たちを一つの民族だと意識し，まとまっ
て行動することは近年まで目立ったかたちではあまりなかった。

　しかし，1970年代に入ると，クルド人の民族意識は一気に高まる。トル
コでも後進地域である南東部地方の経済開発が進むにつれ，彼らの社会を特
徴づける部族制が解体し，それを超えた民族的なまとまりができてくる社会
経済的条件が整ってきた。

　また，このような社会的な変化にともなって種々の矛盾，不満も噴き出
し，それが反政府運動に向けられ，その過程で意識の面でもクルド人として
の団結が強まってきたのである。

　こうした背景のなかから1970年代末に結成されたクルディスタン労働者
党は，1984年から武闘化路線に転じ，トルコ共和国政府との対決姿勢を強
めた。そして，このクルド人の分離独立運動は，湾岸戦争後の1990年代に
入ってますます激しさを増し，95年3月から7月にかけてはイラク北部に
あるクルド人のゲリラ基地に対してトルコ政府軍による大規模な越境作戦が
国際的な非難のなかでおこなわれた。

　1999年2月，クルデイスタン労働者党の党首であるアブドゥッラー・オ
ジャラン Abdullah Öcalan が逃亡先のケニア・ナイロビでトルコ諜報機関に
よって逮捕され，トルコに連行された。同年6月末，トルコ国家治安裁判所
特別法廷は彼に死刑を宣告したが，ヨーロッパ連合はこれを少数民族クルド

人の人権を無視するものだとしてトルコを厳しく非難した。ヨーロッパ連合への加盟を悲願とするトルコはこのような外からの声を軽視できず，結果的には判決を無期懲役に減刑した。また，クルド語による教育，放送も部分的に解禁した。

　しかしながら，このような柔軟策を打ち出しているにもかかわらず，トルコはクルド人の民族問題をめぐって依然として出口の見えない混迷のなかにあると言っていいだろう。アナトリア・ナショナリズムの形をとるトルコ民族主義は建国以来，最大の危機を迎えている。果たしてこれからも世俗主義的な国家体制をこのまま維持していけるかどうか，瀬戸際に立たされているのがトルコという国の実情である。

国の行方を左右するクルド人問題

　第一次世界大戦での敗北によってオスマン帝国末期の膨張主義的なパン・トルコ主義は力を失った。これに代わって登場するのがアタテュルクによって唱えられたアナトリア主義である。彼はトルコ人に残された領土を守るべく祖国防衛戦争を起こし，アナトリアの大地に根ざす民族国家を建設しようとした。しかし，このトルコ共和国も現在，クルド人の自治・独立を求める運動によって試練に直面している。

＊ 終章 ＊

灰色の狼はよみがえるのか

　　トルコは，古くから地政学的に重要な位置を占める。黒海とエーゲ海・地中海の周辺に広がる諸地域，イランと中央アジア，アラブ世界，バルカンは，モノ，ヒト，情報，いずれの点においてもトルコと緊密な関係でつながっている。このようなトルコの重要性は，現代においてもいささかも衰えていない。むしろ，冷戦体制が崩壊したあとこそ，トルコの国際的な重要性は，ますます高まったといえるかもしれない。

チルレル首相の発言

1995年2月末から3月はじめにかけて日本を訪れたトルコ共和国最初の女性首相チルレルは，来日する直前，首都アンカラでおこなった日本人記者団に対する会見のなかで現代世界においてトルコが占める重要性を次のようにアピールした。

> トルコという国をアナトリアという大地を主たる領土とする国としてだけとらえないで欲しい。トルコは，1991年のソ連邦崩壊によって独立したザカフカスのアゼルバイジャン，中央アジアのトルコ系イスラーム諸国との関係強化に大いに努力している。これらトルコの後背地ともいうべき国々に対して影響力を行使し，中東イスラーム世界で要の位置を占めるのがトルコという国なのである。

チルレルの発言のとおり，トルコは，その地政的な重要性をますます高めているといって間違いないだろう。冷戦時代はソ連邦や東欧の社会主義国家に対峙する最前線国家として西側の資本主義諸国家を軍事的に防衛する役割を担わされてきた。集団的な安全保障という点から言うと，トルコは，その地理的な位置からは奇異に思えるかもしれないがNATO（北大西洋条約機構）の重要な加盟国であったし，現在もそうである。

しかし，時代は変わり，トルコに期待されるのはかつてのような防衛，安全保障面での貢献から周辺の旧社会主義諸国と経済的，政治的，文化的に善隣関係を打ち立てていくことに変わっている。とくに社会主義の中央集権的な計画経済が破綻し，資本主義的な市場経済の奔流のなかに否応なくまきこまれた周辺諸国に対して市場経済化の窓口になり，ヨーロッパ，アメリカ，日本などの先進資本主義諸国との橋渡しをすることを求められているのがトルコに課せられた役割だといえよう。

周辺諸国のなかでもトルコが関係を密にしようとしているのは，今まで述べてきた歴史的に言語，宗教，文化を同じくするザカフカスのアゼルバイジャン，中央アジアのトルコ系イスラーム諸国である。すでに触れたようにこ

パン・トルコ主義の雑誌『オルクン』の扉に描かれた
灰色の狼

れらの国々との経済的，文化的な交流は活発におこなわれている。政治的に
もトルコ系諸国会議が毎年，定期的に開かれ，以前には想像することもでき
なかったような親密な関係が生まれている。

シンボルとしての灰色の狼

　このような動きを見ていると，トルコ系の諸民族，国家間の交流，パン・
トルコ主義の前途はまことに洋々たるものがあるように見える。また，すべ
てのトルコ系の人たちが民族の始祖と見なす灰色の狼のもつシンボルとして
の重みがここに至ってなおいっそう，増してきたようにも思える。
　ところで，私自身はこれまでトルコ民族世界の文化的なナショナリズムを
見るにあたって，意識的に民族叙事詩の重要性を強調してきたつもりであ
る。民族叙事詩というのは民族の記憶をとどめるものとしてきわめて重要な
ものだが，こうした民族叙事詩のなかでも始祖伝説としての灰色の狼は，こ
と民族の起源にかかわるだけにもっとも重要な位置を占めるものと言えるだ
ろう。
　狼がトルコ系諸民族の始祖であるという伝説は，いろいろなバリエーショ
ンで伝えられているが，5世紀末にモンゴル高原で国をつくったトルコ系の

「高車」という部族国家，同じく6世紀中頃に大遊牧帝国を建国したトルコ系の「突厥」の起源について記した中国の南北朝，隋の時代の史書に散見する。

それによると，「高車」という部族国家の先祖は，匈奴の支配者の娘が牡の狼と夫婦になって生んだ子どもであるとされている。これに対して「突厥」の場合は，モンゴル高原に割拠する部族間の戦争で孤児になった幼子を牝の狼が哀れに思い，これを拾って大事に育てたが，子どもが成長するに及んで牝の狼はそれと契りをむすび，それからできた子どもが突厥の先祖になったという伝承を残している。

このようにトルコ系諸民族の起源説話は，狼と人が交わるという，きわめて伝奇的な話が柱になっているが，不思議なことに，このあまりにも有名な始祖伝説が人びとによく知られるようになるのはきわめて遅く，19世紀も後半になってからのことである。

民族叙事詩というのは，最初は口承のかたちで流布していくのがふつうである。そして，長い歳月を経たあとに集大成されて文字のテキストになっていく。しかし，灰色の狼をめぐる始祖伝説の場合，はるか遠い昔に語りの吟遊詩人に忘れられ，また辛うじて残った伝説の断片も，トルコ系の諸民族にとっては読むことが難しい漢文の中国史書に書きとめられただけであった。

このためトルコ系の諸民族は，近代に至るまでもっとも大事な始祖伝説についてまったく知るところがなかった。彼らがその存在にようやく気づくようになるのは，おそらく，レオン・カーウンのようなフランスの啓蒙史家が中国史書に拠りながら著したモンゴル高原時代のトルコ民族を扱った歴史書を通してであったと思われる。

民族の起源についての発見は，このように時代的にかなり遅く，また間接的であったが，ひとたびこれが知られると，トルコ系の人たちは灰色の狼が伝説上の祖先だということをシンボルとしながら集団意識を強め，大トルコ民族という幻想に向かって走り出していったのである。

青年トルコ人革命の指導者で，オスマン帝国におけるパン・トルコ主義の

推進者であったエンヴェル・パシャは，灰色の狼がもつこの象徴性を巧みに利用して大衆動員をおこなっていこうとした。パン・トルコ主義を掲げる代表的な文化団体「トルコの炉辺」の傘下にある少年組織に灰色の狼の図柄を染めた旗を使わせたのはその例である。

　灰色の狼に対して寄せる思いは，オスマン帝国が滅び，トルコ共和国の時代になってもパン・トルコ主義者の間では根強いものがあった。1930年代末にはその名もトルコ語で灰色の狼を意味する『ボズクルト』という雑誌が刊行され，狂信的な活動が続けられた。このように，灰色の狼には人びとに熱き血潮をたぎらせる魔力が秘められている。今の時代において果たしてこれに思いを託すパン・トルコ主義は，よみがえっているのであろうか。

一国ナショナリズムに固執するトルコ

　これを確かめるため共和国が成立してから現代に至るまでのトルコにおけるナショナリズム事情，そしてソ連邦の成立から崩壊を経て新しい体制に移行したアゼルバイジャン，中央アジアのナショナリズムの状況を簡単にふりかえり，両者のあいだにパン・トルコ主義が成り立ちうる接点があるかどうか，見ていくことにしよう。

　すでに前章で明らかにしたように，トルコ共和国が国是として掲げるナショナリズムは領土をアナトリアに限定し，新しい民族国家をつくっていこうとする一国ナショナリズムであった。第一次世界大戦での敗北によって国土が戦勝国によって分割されようとしていたトルコには，アナトリア以外の地に目を向ける余裕などあろうはずもなかった。国土の死守，防衛だけで手一杯であり，ぎりぎりのところに追いつめられたところで選択できるのはアナトリア・ナショナリズムをおいて他になかった。

　この一国ナショナリズムの姿勢は共和国体制が安定し，軌道に乗った後でも対ソ関係への配慮から堅持された。ソ連邦のなかには社会主義体制に組みこまれた多数のトルコ系諸民族がいた。しかし，アルメニアとの祖国戦争に

生粋のトルコ人にして熱烈なパン・トルコ主義者アトスズ

際してトルコがソ連から受けた支援，またその後の両国関係の維持を考慮し
てソ連邦に対して内政干渉になるようなパン・トルコ主義は，慎重に避けら
れてきたのである。

　しかし，こうした国の外交方針にもかかわらずパン・トルコ主義の旗を掲
げてさかんに活動する者は跡をたたなかった。ソ連邦を追われて亡命してき
たタタール人，バシキール人，アゼルバイジャン人のなかには熱烈なパン・
トルコ主義の信奉者が多かったが，有名な思想家アトスズ Atsız（1905 -
1975）のように純粋なトルコ人のなかにも筋金入りの活動家がいた。

　彼らは第二次世界大戦末期の1944 年，それまでの政府の姿勢を不満とし
て反ソ，反社会主義の立場から第二次世界大戦にトルコが参戦することを主
張，戒厳令下のイスタンブル，アンカラでデモをおこない，政府に圧力をか
けた。

　だが，この強硬な行動はかえってパン・トルコ主義者に対する弾圧となっ
てはねかり，彼らの首をしめた。デモの首謀者は根こそぎ逮捕され，これを
きっかけにトルコ政府の中庸，穏健な一国ナショナリズムの姿勢がさらに強
まっていった。トルコ政府は，ソ連邦を刺激し，善隣関係を損なうような反
社会主義的，膨張主義的なパン・トルコ主義はいかなる理由があろうとも許
すことができなかったのである。

　ナショナリズムに対するこのような立場は戦後から今に至るまでいささか
も変わるところがない。パン・トルコ主義の流れを引く政党として現在でも

民族主義者行動党という政党があるが，トルコの国内政治のキャスティング
ボードを握るほどの力はもっていない。トルコのナショナリズムの本流は相
変わらず穏健な一国ナショナリズムであり，パン・トルコ主義が政治的に頭
をもたげてくる気配は今のところまったくないと言えるだろう。

旧ソ連邦トルコ系諸国家の事情

　これに対してアゼルバイジャン，中央アジアにおけるナショナリズムはい
かなる状況にあるのだろうか。トルコの場合と同じように現在に至る流れの
なかで見ていくことにしよう。

　すでに述べたクリミア・タタール出身の改革家ガスプラルの活動から分か
るように，パン・トルコ主義は，19 世紀末以降，帝政ロシア領内のトルコ
系諸民族のあいだに深く浸透していた。

　しかし，ロシア革命の頃になると，このようなパン・トルコ主義は，文化
的のみならず政治的にも次第に影響力を失っていく。中央アジアでもアゼル
バイジャンでも，全トルコ系諸民族の統一という理想は非現実的だとしてし
りぞけられ，それぞれの地域の実情に合わせて自前の民族国家をつくってい
く考え方に変わっていった。

　この結果，トルキスタン・ナショナリズム，アゼルバイジャン・ナショナ
リズムが出たことはすでに述べたとおりだが，中央アジアの場合，このよう
な地域主義の動きは，ソ連邦成立直後におこなわれた民族的境界画定によっ
て不本意なかたちでさらに細分化され，今あるような五カ国体制になってい
った。

　このような分断は，中央アジアの諸民族にとって当初は承服しがたいこと
であった。しかし，時が経つにつれ，トルキスタン・ナショナリズムという
広域ナショナリズムの記憶は次第に人びとの頭のなかから薄れていき，上か
ら与えられた欺瞞的ともいえる民族の枠組みに意識も行動もいつしか慣らさ
れ，むしろそれを自明の前提としてそれぞれの民族的，国家的なエゴを臆面

もなく出すように変化していった。

　したがって，ソ連邦崩壊後の中央アジアにおいて再びナショナリズムが息を吹き返しているといっても，それはパン・トルコ主義であることはおろか，中央アジア諸国連合形成の方に向かって動いていくトルキスタン・ナショナリズムですらない。むしろそれぞれの国の一国ナショナリズムが肥大化し，排外主義も辞さないというのが今の中央アジアのナショナリズムの偽らざる実情と言えるだろう。

　さらにナショナリズムの中身も問題である。民族主義を掲げる政党の力はいまだ弱く，中央アジアのウズベキスタンでもカザフスタンでもその自由な活動は大幅に制限されている。辛うじてアゼルバイジャンだけが独立して間もなく人民戦線という民族主義の政権を成立させたが，それもわずか1年あまりで旧共産党に政権を明け渡してしまった。

　中央アジアでもアゼルバイジャンでも政治を現実に引っ張っているのは，相変わらず旧共産党とその幹部たちである。彼らはナショナリズム復興の時流に合わせて党名を変更し，主義，主張を修正して民族主義への衣替えをはかっているが，そのナショナリズムの質は純粋なトルコ民族主義とも，パン・トルコ主義とも明らかに違うものだといわなければならない。

経済進出に意欲的なトルコ

　以上のようなナショナリズムのあり方からソ連邦崩壊後のトルコ，アゼルバイジャン，中央アジアにパン・トルコ主義が勢いを得ているようにはとても思えないが，この問題に関しては経済の方からも検討しておく必要があるだろう。というのは，以上三つの地域に広がって住むトルコ系諸民族，国家間の関係は，文化，政治の面よりも経済的な関係においてより活発であり，この方面からの可能性をさぐっておく必要があると思うからである。

　ところで，1980年の軍事クーデター後に成立したオザル Turgut Özal 政権のもとでの経済の自由化，輸出振興策によってトルコの貿易は急激に伸長

した。輸出品に限っていうと，それまでトルコからの輸出品は，大半が農産物，果実などの一次産品で占められていた。しかし，1980年代以降，軽工業を中心とした工業化の発展を背景に繊維品，衣類が，主要な輸出貿易品として躍り出てくる。

トルコ製品は，労賃が安いために価格がさほど高くなく，品質やデザインの面でもイタリアの技術を積極的に取り入れるなどして悪くない。このため，ヨーロッパの市場では香港，台湾，シンガポール，韓国などのアジア新興工業経済国群の製品に肉薄し，またイラン，イラクなどの中東市場にもさかんに輸出されている。

こうしたなかソ連邦の崩壊はトルコに経済的にみて願ってもないチャンスを与えた。アゼルバイジャン，中央アジアがトルコ製品のまったく未開拓なフロンティアの市場として開けてきたからである。

旧ソ連邦を構成するトルコ系諸国に入っていったのはモノだけではない。中東の国のなかでは群をぬいて工業化が進んでいるトルコは，アゼルバイジャン，中央アジアが独立を達成すると，資本を投じて現地で合弁企業の設立に熱心に取り組んだ。紡績，繊維加工業，皮革工業，食品工業など軽工業部門が中心であるが，これらの投資を通じて経済関係をさらに緊密なものにしていった。

また，トルコはアゼルバイジャン，カザフスタン，トルクメニスタンに埋蔵されている石油や天然ガスの開発にも深く関与している。これらの国々があるカスピ海周辺地域は，ペルシア湾周辺地域に代わる21世紀のエネルギー資源の宝庫と言われている。このため，日本や欧米の先進諸国はその開発にしのぎを削っているが，トルコもこの開発競争に乗り遅れまいと必死の努力を重ねているのである。

ただ，これらの開発には巨額の投資が必要なため資金的な面でトルコは先進諸国にとても太刀打ちできない。このためこうした開発競争のなかでトルコがめざすのは，旧ソ連邦のトルコ系諸民族との歴史的な関係の深さを最大限に利用しながら先進諸国のよきパートナーとなって影響力を行使していこ

カスピ海沖の油田開発

うとするものである。

　しかし，資金面で先進諸国の後塵を拝するとはいえ，トルコはこれから先もアゼルバイジャン，カザフスタン，トルクメニスタンの石油，天然ガスの開発に十分に関わっていく可能性をもっている。このような開発事業を軌道に乗せるべく，石油を国外に輸送するためのパイプラインの建設が2003年にはじまり，2005年に竣工した。このカスピ海に面するアゼルバイジャン・バクー近郊のサンガチャル・ターミナルからアナトリアを縦断して地中海側のトルコの港ジェイハンに達するパイプラインが完成したことがそれをよく示している。

苦しいトルコの台所事情

　トルコは，序章で述べたように黒海からカスピ海にかけての地域につくられた，国を越えた広域的な地域協力機構の結成においてイニシアチブを発揮し，それを軌道に乗せようと頑張っている。そのめざすところはトルコを軸にして中東のイラン，パキスタンから中央アジア，南北のカフカス，南ロシア，ウクライナ，バルカンにかけての地域をモノとカネが自由に動く経済圏

にしていくことにあると言っていいだろう。

　このため，自由貿易実現に向けて関税率引き下げの努力がなされている。また貿易決済を円滑にし，開発資金を融資していくための黒海貿易開発銀行，経済協力機構投資開発銀行などが加盟国の合意を得て設立された。さらにイランとトルクメニスタンとの国境の町サラフス Sarakhs で念願の鉄路がつながり，このトルクメニスタンからイランを横断する鉄道の全通によってトルコから中央アジア方面にかけての地域の物流と人の往来が飛躍的に向上した。

　以上のような新しく形成されつつある経済環境を踏まえてトルコは，アゼルバイジャン，中央アジアとの関係を強化していこうともくろんでいるが，現実にはトルコの前にはきわめて厳しい壁が立ちはだかっていると言わなければならない。現在の経済的な水準から見てこの関係はトルコからの資金援助，技術協力というかたちをとることが多いが，これに見合う財政的な裏づけをトルコは欠き，これがネックになっているからである。

　トルコはアゼルバイジャン，中央アジアの諸国に対して主として自国の輸出銀行を通じて信用供与をおこなっている。またトルコ国際協力事業団とい

COLUMN
石油パイプラインの建設で脚光をあびるトルコ

　　トルコにとって中継貿易は，いつの時代でも利益をもたらす。かつて中国，中央アジア，イランからトルコを通ってヨーロッパに運ばれた絹貿易はその代表である。今の時代，石油がその代わりを務める。アゼルバイジャン，カザフスタンのカスピ海沿岸地域にはペルシア湾をしのぐといわれる石油が眠っている。しかし，埋蔵量は豊かでもカスピ海は内陸湖であるため輸送のうえで障害がある。これを解決するためバクーからジョージア，トルコを経由して地中海へとぬけるパイプラインが建設された。これによってトルコはオイルロードの中継地としてさらにその重要性を増している。

バクー駅

　う組織を通して技術協力をおこなっている。しかし，前者については問題が多い。資金量が十分でないため，これを補うために先進諸国からの借り入れに頼り，これを流用するというような変則的な事態も生じているからである。また信用供与の利息がきわめて高いことも旧ソ連邦のトルコ系諸国の不満の種になっている。

　この結果，アゼルバイジャン，中央アジア諸国のあいだにトルコへの期待が薄れて失望感が広がり，これに代わって地理的に近く，文化的にも関係の深いイランへの接近，またロシアとの関係修復の道がさかんに探られるようになってきている。

ヨーロッパに顔が向くトルコ人

　トルコとアゼルバイジャン，中央アジア諸国との関係が必ずしも順調に進んでいない理由の一つに，トルコ経済の顔が本質的に西に向いていることも関係しているだろう。旧ソ連邦のトルコ系諸国との貿易が増加したといってもトルコの主要な相手国は，依然としてヨーロッパ連合（EU）の国々である。

　その対 EU 貿易が占める割合は，付表Ⅲから分かるように，1996 年から2011 年にかけて輸出貿易において 58.0〜46.2％，輸入貿易において 55.7〜

付表Ⅲ　トルコの外国貿易においてEUが占める額・割合

（単位：百万ドル）

年	EU向けの輸出・輸入貿易			EUが占める割合（％）	
	輸出	輸入	輸出／輸入	輸出	輸入
1996	12,569	24,321	51.7	54.1	55.7
1997	13,435	26,119	51.4	51.1	53.8
1998	14,813	25,282	58.6	54.9	55.1
1999	15,424	22,530	68.5	58.0	55:4
2000	15,664	28,527	54.9	56.4	52.3
2001	17,546	19,824	88.5	56.0	47.9
2002	20,415	25,689	79.5	56.6	49.8
2003	27,394	35,140	77.9	58.0	50.7
2004	36,581	48,103	76.0	57.9	49.3
2005	41,365	52,696	78.5	56.3	45.1
2006	47,935	59,401	80.7	56.0	42.5
2007	60,399	68,612	88.0	56.3	40.3
2008	63,368	74,801	84.7	48.0	37.1
2009	47,228	56,616	83.4	46.2	40.1
2010	52,934	72,391	73.1	46.4	39.0
2011	62,589	91,439	68.4	46.3	37.9
2012	59,398	87,657	67.7	38.9	37.0
2013	63,039	92,457	68.1	41.5	36.7
2014	68,514	88,783	77.1	43.4	36.6

出所：www.ekonomi.gov.tr, TÜIK, TOBB, BM Comtrade

37.1％の多きに達する。こうした傾向は，1996年1月から実際に発効した
EUとの関税同盟締結，2004年に合意されたトルコのEUへの加盟交渉開始
が進捗することによってさらに強まっていく可能性をもっている。

　関税同盟で合意されたことは，工業製品と農産物加工品について関税を撤
廃するということである。農産物は適用から除外されている。したがって完
全な自由貿易圏がこれによってできたとはまだいえない。またEUへの加盟
問題が討議されることが2004年に決まったといっても，トルコがヨーロッ
パの経済圏に迎え入れられるという法的保証はどこにもない。しかし，関税
同盟の締結，加盟交渉決定は経済ということにかぎっていえば，トルコをま
すますEUに近づかせているという点で画期的な意義をもっている。

付表Ⅳ　トルコの繊維製品・既製服の
輸出貿易

（単位：千ドル）

年	繊維製品	既製品
1945	2,499	－
1950	82,665	－
1955	57,238	－
1960	64,045	－
1965	115,875	81
1970	198,755	457
1975	327,771	17,951
1980	602,321	81,815
1985	1,228,221	744,849
1990	1,424,249	2,898,349
1995	2,130,665	6,188,502
1996	2,352,153	6,344,252
1997	2,730,714	7,089,043
1998	2,811,763	7,644,051
1999	2,733,641	7,145,053
2000	2,818,768	7,194,609
2001	3,060,947	7,335,856
2002	3,204,383	8,951,802
2003	3,296,468	11,150,155
2004	4,950,081	12,649,981

出所：*DTM Ekonomik Araştırmalar ve
Değerlendirme Genel Müdürlüğü*, IT-
KIB, Güler Araş, *Türk Tekstil*, s.62.

　ただ，これら一連のプロセスはすべてのトルコ人によって手放しで歓迎さ
れているわけではないことにも注意を払わなければいけない。労働組合など
はヨーロッパの品質のよい製品が大量にトルコに入ってくることによって国
産品の客離れが起こり，結果として失業問題が深刻化することを懸念してい
る。また，企業でもコチュ Koç 財閥のように家電製品，自動車の国内生産
に圧倒的なシェアをもつところではヨーロッパ製品に押されることを恐れて
関税同盟，EU への加盟に必ずしも好意的ではないところもある。
　しかし，付表Ⅳから明らかなように，1985 年以降急激に輸出が増加し，

国際競争力をつけるようになった繊維製品，既製服を大量に生産するサバンジュ Sabancı 財閥を筆頭とする企業，それらを扱う商人等は，関税同盟にもろ手を挙げて賛成しているといっていいだろう。彼らは，政治的には中道右派政党を支持し，イデオロギーのうえではヨーロッパ的，近代的な世俗主義をよしとする人たちである。

　こうした人たちは自分たちの経済的な利害もからんでヨーロッパに対する志向がきわめて強い。東との関係をおろそかにするわけではないが，西へのシフトが強い人たちと言った方がよいかもしれない。トルコ最大の都市イスタンブルには，こうした志向をもつ人たちが多い。彼らにとってあまりにも狂信的なトルコ民族主義，パン・トルコ主義は迷惑以外のなにものでもないのである。

中東イスラーム世界に回帰する人たち

　しかし，こうしたヨーロッパ志向を正面から批判し，イスラームへの回帰を強める人の数も近年になってトルコにおいて急激に増えてきている。彼らは政治的にはイスラーム原理主義を掲げる福祉党という政党に拠って精力的な活動をはじめた。

　1983 年につくられたこの福祉党は，94 年の統一地方選挙において躍進を果たし，翌年の 95 年におこなわれた国民議会選挙では 21% の得票率ながら他の政党をおさえて第一党に躍り出た。しかしながら，単独では内閣を組織できず，他の政党と連携して 96 年 7 月，党首のエルバカン Erbakan が首相に就任した。

　このイスラーム政党が打ち出す経済政策，地域協力機構に関する構想はこれまで述べてきたものとはまったく違っている。エルバカン自身が一時期，トルコ商工会議所連合会会頭を務めたことに示されるように，この政党が重要な支持基盤の一つにしているのは中小の商工業者である。

　彼らはヨーロッパ市場に参入していくだけの十分な力がないため貿易にお

いても投資においても中東イスラーム世界との関係に力を入れてきた。トルコは 1973 年のオイルショック以降，石油景気で沸き立つ湾岸諸国の建設工事を請け負い，それにともなって出稼ぎ労働者を送り出すかたちで中東との経済的な関係を深め，商売の面でも中東イスラーム世界で大きく市場を拡大してきたが，これを担ってきたのが中小の商工業者たちであったのである。

　イラン・イスラーム革命後の 1980 年に勃発したイラン＝イラク戦争は，トルコの中東市場拡大にさらに有利に働いた。戦争に忙殺される両国に食品，衣料品，その他の日用品を供給し，多くの利益を上げることができたからである。1990 年に湾岸戦争が勃発するまでの 10 年間において中東市場がトルコの対外貿易に占める割合は平均で 30％，ときに 40％ を超えるまでに急成長を遂げた。

　こうした中東イスラーム世界とのつながりが深い中小の商工業者を支持基盤にして福祉党はイスラームの原理にもとづく経済政策を打ち出した。ヨーロッパが生んだすぐれた近代技術は決して否定しないが，それによって失われるイスラームの価値を忘れるなというのが福祉党がもっとも強調する点である。

　国外との経済的な関係において福祉党がもっとも重視するのは中東のイスラーム諸国との関係である。福祉党が政権を手にしたからといって従来の国際経済の枠組みが一気に変わったわけではないが，中東イスラーム世界はトルコのなかで確実に重みを増してきている。

　こうした傾向は，2002 年に行われた総選挙で福祉党の流れをくむエルドアン率いる公正発展党が単独勝利したことによってさらに加速した。イスラーム色を強く打ち出す公正発展党政権は，当初こそ 2004 年に合意されたトルコの EU への加盟交渉開始にかすかな望みを託してヨーロッパ寄りの経済政策を推し進めた。しかしその後，加盟への道が一筋縄ではいかず停滞を来すと，中東イスラーム世界への傾斜を深めていくようになるが，このことは付表Ⅲから明らかなように，トルコの対 EU 向け輸出貿易の割合が 2008 年から減少に転じたことによく現れているように思われる。

ドイツのシュレーダー首相（元）（左）と握手する
公正発展党のエルドアン首相（現大統領）（2004
年12月）

発展の可能性を秘めたトルコ民族世界の関係

　新しい世紀に入ってからトルコは経済的に中東イスラーム世界を重視する
政策を強く押し出すようになってきている。しかしながら，これに勢いを得
てトルコとアゼルバイジャン，中央アジア諸国とのあいだの経済的関係も一
段と拍車がかかってきているとまではいうことはできない。1991年のソ連
邦崩壊からすでに30年以上も経つと，当初のようなトルコ民族世界の関係
を強化するという熱気も冷め，期待感も薄れてきているのが実情だからであ
る。

　しかし，だからといってソ連邦崩壊によって出現したトルコ，アゼルバイ
ジャン，中央アジア諸国間の緊密な経済的関係が，このまま尻つぼみになっ
ていくと考えるのはまったくの見当違いというものであろう。トルコ系諸民
族のあいだにはユーラシアを横断するかたちで同じ文化を歴史的に培ってき
たという意識が強く共有されており，これに支えられてこれから先，経済的
のみならず政治的にも良好な関係を構築すべく不断の努力を払っていこうと
いう気概はなお残っていると思われるからである。

　トルコ民族世界の内に秘められた可能性を引き出すことができるような環
境づくりも着々と実行に移されつつあり，今の時点でトルコ系諸民族の関係
の先行きにかんして悲観的な見方をしていくのはあまりに早計だと言わなけ

ればならない。

　アゼルバイジャン，中央アジアのトルコ系諸国は，21世紀の世界経済において
おいてきわめて重要な役割を果たしていける潜在的な力をもつ。19世紀後
半以来，開発が続けられているアゼルバイジャン・バクー周辺の油田は言う
に及ばず，カスピ海の周囲にはカザフスタンの石油，トルクメニスタンの天
然ガスなど有望なエネルギー資源の宝庫である。

　また，トルコは，アゼルバイジャン，中央アジアでの開発が進み，これら
の地域からトルコを通るパイプラインの開通によって，今以上に中継地とし
て重要になってくる。これに加えて，黒海南岸沖の排他的経済水域において
2020年と翌21年に相次いで有望な天然ガス田も発見され，エネルギー資源
国として台頭する可能性も生まれてきている。

　トルコからアゼルバイジャン，中央アジアにかけての地域は，このように
将来的には世界経済に重大な影響を及ぼすオイルロードとして発展する可能
性をもつところである。これがどのような広域的な経済圏になっていくの
か，周到に見きわめていかなければならないように思われる。

ゆるい統合に向かうトルコ民族の世界

　さらに，トルコ民族の世界は，広域的な経済圏として発展していく有利な
条件をいくつかもっている。そのなかでもっとも大きな強みになっていくと
思われるのは，なんといっても言語，宗教，文化，歴史の共通性である。

　トルコにとってヨーロッパ，中東イスラーム世界の国々が，経済的に見て
重要だということはここで改めて言うまでもないことである。しかし，こう
した認識は頭では理解していても，心の底ではなにがしかの距離を感じなが
ら商業的な取引をおこない，付き合っているというのが多くのトルコ人が抱
く偽らざる心情なのではないかと思われる。

　ヨーロッパの人びとに対してはコンプレックスと反感とが入り混じる屈折
した気持ちで接し，これに対して中東イスラーム世界のアラブ諸国，イラン

の人びとと付き合うときには，対照的にオスマン帝国以来の自民族中心主義の鎧をまといつつ，優越感とさげすみの態度を同居させながら臨む。これが多くのトルコ人がとる一般的な行動パターンのように思われる。

　このような感情のもち方と経済的行為の成否を直接結びつけるのはきわめて危険なことだが，アゼルバイジャンや中央アジアの人びとに対してトルコ人が示す理屈抜きの親近感，同胞意識が経済関係を進展させていくまたとない潤滑油になっていることも，一面の真理として認めないわけにはいかない。

　こうした極端な感情論に頼らなくても，単純に言葉を同じくするということがどれだけ商売をやりやすくしているか，そうした例を挙げることは難しいことではない。たとえば，アゼルバイジャンのバクー，ウズベキスタンのタシュケント，カザフスタンのアルマトゥなどに出かけていって成功しているトルコの中小商人，ビジネスマンなどはさしずめ，その典型と言えるだろう。

　彼らにとってアゼルバイジャンや中央アジアは，肩ひじ張らずに，気軽に行くことのできるビジネス・チャンスがころがっているところである。言葉の心配もいらない。文化的にもなじみやすい。資本もさほど多くを必要としない。草の根のレベルで商売をしようとする人たちにとってトルコ民族の世界は，夢に溢れ，富をもたらすきわめて魅力ある市場・経済圏なのである。

　トルコ民族の世界が，今後，広域的な経済圏としてどのようなかたちで成長を遂げていくのか，その行方はいまだ未知数である。また，そこで形成されようとしているトルコ系諸民族同士の政治的，文化的な連帯がどのように進んでいくのかも必ずしもはっきりとは見えてきていない。

　しかし，それがそれぞれの国の経済的な水準，ナショナリズムの伝統を無視したかたちでやみくもに一元的な統合化へと向かっていくことはまず絶対にないだろう。トルコ系の諸民族が近現代の歴史的経験のなかから選びとるナショナリズムは，大風呂敷を広げたユーラシア規模の膨張主義的，冒険主義的なパン・トルコ主義では決してなく，それぞれの地域，国の状況に応じ

た穏健なトルコ民族主義であると思われる。

　灰色の狼をシンボルとするトルコ民族世界の経済的，政治的，文化的なつながりが緊密の度合いを増したとしても，それは各国のトルコ民族主義を尊重したかたちでのきわめてゆるいものになっていくはずである。

トルコの使命

　2004 年，長らく懸案であったトルコのヨーロッパ連合（EU）への加盟交渉が開始されることが合意された。これによってトルコは悲願のヨーロッパとの統合に一歩を踏み出した。しかし，イスラーム世界のなかで生きてきたトルコをヨーロッパがすんなり受け入れるかどうか，まったく未知数である。トルコは，国際的なパートナーをヨーロッパだけにかぎらず，文化的な伝統を共有するトルコ民族の世界にも広げ，その可能性を探っていくべきである。

さらに深く知るための文献案内

　ここでは，本書の啓蒙的な性格と紙数の関係から日本語で書かれた単行本を中心に紹介し，トルコ語と英語で書かれた文献については最小限必要だと思われる基本的なものに限った。また，参照すべき文献は，設問のかたちをとったテーマ，主題にしたがってまとめてある。これを手がかりに読者は，それぞれの興味，関心に応じてさらにその知識を広げてもらえれば幸いである。

序章　イスタンブルに民族の問題をみる

🎗️ユーゴスラヴィアの政治・経済体制が崩壊したあとボスニアのイスラーム教徒をめぐっていかなる民族問題が噴出したのだろうか。

　ボスニアの内戦については日本でも深い関心が寄せられ，ジャーナリズムの一線に立つ人たちによる現地報告が数多く出された。これにあたってみる前にまず，柴宜弘『もっと知りたいユーゴスラヴィア』（弘文堂，1991年）で一般的な知識を得たうえで，千田善『ユーゴ紛争』（講談社現代新書，1993年），山崎佳代子『解体ユーゴスラビア』（朝日選書，1993年），伊藤芳明『ボスニアで起きたこと』（岩波書店，1996年）などの本を読んでみたい。

🎗️ソ連邦の解体の過程で出てきた中央アジア，ザカフカスの民族問題としていかなるものがあり，それらがパン・トルコ主義的な動きとどのように関係しているか考えてみよう。

　藤村信『ユーラシア諸民族群島』（岩波書店，1993年）は平易な解説書として有用。もう少し深く掘り下げたいという人には非スラブ，イスラームの観点から長らく中央アジア，ロシア・ソ連研究にたずさわってきたフラン

ス，日本の研究者の筆になる次の書を参照するのがよい。エレーヌ・カレール・ダンコース（高橋武智訳）『崩壊した帝国──ソ連における諸民族の反乱』（新評論，1981年），同（山辺雅彦訳）『民族の栄光──ソビエト帝国の終焉　上・下』（藤原書店，1991年），山内昌之『ソ連・中東の民族問題──新しいナショナリズムの時代』（日本経済新聞社，1991年），同『イスラムのペレストロイカ』（中央公論社，1992年），同『民族の時代』（PHP研究所，1994年）。

❧民族の問題を政治的な手法，国際関係論の視点でなく，歴史学の観点から考えていく際にトルコ民族史という枠組み・方法論は有効である。その功罪は何なのだろうか。

　トルコ民族史の歴史観，叙述のスタイルといってもひとつにまとまっているわけでない。政治・社会的な立場，思想傾向，出身・階層の違いによってさまざま本が出されている。こうしたもののなかでまず最初に参照すべきトルコ語文献は，Mehmed Fuad Köprülü, *Türk Edebiyatı Tarihi*, İstanbul, 1920（1980, 2020再刊）と Ahmet Zeki Velidi Togan, *Umumi Türk Tarihine Giriş, En Eski Devirlerden 16. Asra Kadar*, İstanbul, 1946（1981, 2020再刊），*Bugünki Türkili Türkistan ve Yakın Tarihi*, İstanbul, 1981である。いずれもトルコ共和国におけるアカデミックなトルコ民族史研究の礎となった古典的名著。Ahmet Kanlıdere, İlyas Kemaloğlu（ed.）, *Türk Dünyası Kültür Tarihi*, İstanbul, 2020は，1990年代以降変容著しい現代のトルコ民族世界の情勢を押さえながら書かれたトルコ民族史にかんする最初の研究論集。文化史の観点からユーラシア各地に移動していったトルコ系諸民族の歴史を簡便に大観する。

　欧米では Peter B. Golden, *An Introduction to the History of the Turkic Peoples*, Wiesbaden, 1992 と Carter V. Findley, *The Turks in World History*, Oxford-New York, 2005 が新しい構想の下にトルコ民族史を概観した好著。後者については，カーター・V・フィンドリー（佐々木紳訳）『テュル

クの歴史：古代から近現代まで』（明石書店，2017 年）として日本語訳も出版されている。

　日本では永田雄三「トルコにおける「公定歴史学」の成立」（寺内威太郎他編『植民地主義と歴史学』刀水書房，2004 年）がアタテュルクの打ち出した歴史観にメスを入れる。これを踏まえて以下の日本語訳も出されているトルコの中学，高校の歴史教科書を読んで歴史観を洗い出してみよう。セルマン・エルデム他（尾高晋己訳）『トルコ：その人々の歴史——全訳世界の歴史教科書シリーズ23』（帝国書院，1981 年），E. オクタイ，N. アクシト（永田雄三編訳）『トルコ 1・2：世界の教科書』（ほるぷ出版，1981 年）。なお，小松久男編『テュルクを知るための 61 章』（明石書店，2016 年）は，歴史にとどまらずトルコ民族まつわるテーマについて総覧した百科事典的なエッセイ集成の書。

❦民族とは何なのだろうか。この概念を成り立たせる要素について考えてみよう。

　民族について理論的に考察した本は多く出版されているが，ここでは代表的古典としてベネディクト・アンダーソン（白石隆，白石さや訳）『定本 想像の共同体——ナショナリズムの起源と流行』（書籍工房早山，2007 年）を挙げておく。なだいなだ『民族という名の宗教』（岩波新書，1992 年），西島健män『民族問題とは何か』（朝日選書，1992 年）は，専門家が書いたものでないがソ連邦，バルカンの社会主義体制が崩壊した後の社会的混乱を憂い，それに敏感に反応した知識人の民族論として面白い。

第 I 章　トルコ民族とは何か

❦トルコ民族とはウラル＝アルタイ語族に属する人たちである。その分布を調べ，トルコ系の諸言語がいかなる特徴をもっているか，みてみよう。

　グスタフ・ラムステッド（荒牧和子訳）『七回の東方旅行』（中央公論社，

1992年）は，ウラル＝アルタイ語族のルーツについて考える好著。小泉保訳『カレワラ——フィンランド叙事詩』上・下（岩波書店，1976年）はフィンランド語とその民族精神を知るのに欠かせない。ウラル＝アルタイ語族については，徐廷範『日本語の源流をさかのぼる：ウラル・アルタイ諸語の海へ』（徳間書店，1989年），ハインリッヒ・ウィンクレル（今岡十一郎訳）『ウラルアルタイ民族の人類学的考察』（審美社，1970年）がある。亀井孝他編『言語学大事典』（三省堂，1988-1996年），樺山紘一（責任編集）『歴史学事典 第15巻 コミュニケーション』（弘文堂，2008年）にもトルコ系諸語に関する多くの有益な関連項目が収録されている。

ウエ・バルトリド（外務省調査部訳）『欧洲殊に露西亜に於ける東洋研究史』（生活社，1939年），ニコラス・ポッペ（下内充・板橋善三／監修村山七郎）『ニコラス・ポッペ回想録』（三一書房，1990年）は，錚々たる学者の足跡を通じて帝政ロシア末期におけるトルコ系諸言語の研究状況をよく浮かび上がらせる。N. N. Poppe, *Introduction to Altaic Linguistics*, Wiesbaden, 1965, Karl H. Menges, *The Turkic Languages and Peoples*, Wiesbaden, 1968 は，言語学の面から民族移動，分布に言及する。田中克彦『言語からみた民族と国家』（岩波書店，1991年），同『ことばと国家』（岩波新書，1981年），同『ことばは国家を超える』（ちくま新書，2021年）は，言語と民族，国家，社会との関係を扱う。モンゴル語学者ならではの著者の見識が出ている。

❦モンゴル高原時代の古代トルコ民族から起源問題について考えてみよう。

この時代のトルコ系諸民族の動向を伝える史料の多くは漢文で書かれた中国史料である。幸いなことにそのアンソロジーが次の2書にまとめられている。生の史料を読んで古代トルコ民族を知る醍醐味を味わってみたい。内田吟風，田村実造他訳注『騎馬民族史——正史北狄伝1』（平凡社，1971年），佐口透，山田信夫，護雅夫訳注『騎馬民族史——正史北狄伝2』（平凡社，1972年）。護雅夫『古代遊牧帝国』（中公新書，1976年），同『古代トルコ民

族史研究 1-3』（山川出版社，1967-97 年）は，この分野の研究における金字塔。メンヒェン＝ヘルフェン（田中克彦訳）『トゥバ紀行』（岩波文庫，1996 年），鴨川和子『トゥワー民族』（晩聲社，1990 年）は，今なおモンゴル高原北部から南シベリアにかけて住むトルコ系少数民族の動静を伝える。

❦ トルコ民族の移動は，シルクロードだけでなくステップの道に沿ってもおこなわれた。これについて調べてみよう。

　石黒寛編訳『もう一つのシルクロード』（東海大学出版会，1981 年）は，トルコ系諸民族に関する日本ではほとんど知られていないロシア語論文を翻訳したもの。渡辺金一『中世ローマ帝国』（岩波新書，1980 年）は，黒海北部に広がる草原地帯からドナウ川を渡河して今のブルガリアに入ったトルコ系民族ブルガロイについてわずかだが言及する。これに対し東北に民族移動し，ヴォルガ川中流域に落ち着いたトルコ系民族については梅田良忠『ヴォルガ・ブルガール史の研究』（弘文堂，1959 年）がある。イブン・ファドラーン（家島彦一訳）『ヴォルガ・ブルガール旅行記』（平凡社，2009 年）は，10 世紀にヴォルガ・ブルガール王国にアッバース朝から派遣されたアラブ地理学者が残した貴重な旅行記の日本語訳。ユダヤ教に改宗したハザールについては S. A. プリェートニェヴァ（城田俊訳）『ハザール　謎の帝国』（新潮社，1996 年）があるが，ミロラド・パヴィチ（工藤幸雄訳）『ハザール事典――夢の狩人たちの物語　女性版』（東京創元社，2015 年）という奇書も翻訳されている。著者はセルビア人。事典と銘打つが，中身はハザールを取り上げながら辛口の体制批判を含むエンターテインメント小説。

第 II 章　ペルシア＝イスラーム世界への道

❦ トルコ系遊牧民が侵入してくる以前の中央アジアとイランは，どのような点で文化的に一体化した地域だったのだろうか。

　ロマン・ギルシュマン『イランの古代文化』（平凡社，1970 年），ヤクボ

ーフスキー他著（加藤九祚訳）『西域の秘宝を求めて——スキタイとソグド
とホレズム』（新時代社，1969 年。なお 1981 年には『西域の秘宝を求めて
——埋もれていたシルクロード』として第 2 版が刊行された）といった定評
ある書物を読んで，その一体性を自分なりに整理してみよう。羽田亨『西域
文明史概論・西域文化史』（平凡社，2016 年）は，イスラーム以前の中央ア
ジアのイラン的，インド＝アーリア的要素を随所で指摘する。R. N. Frye,
The Golden Age of Persia, London, 1975 は，上記のテーマに果敢に挑んだ
意欲作。上岡弘二編『イラン』（河出書房新社，1999 年），岡田恵美子，北
原圭一，鈴木珠里編著『イランを知るための 65 章』（明石書店，2004 年）
は，現代イランの社会状況に対する紹介記事が多いが，前近代におけるイラ
ンの社会と文化についても示唆的なエッセイを掲載。

❦ トルコ系の人たちは，新天地でペルシア文化の影響を受けてどのような民族形成をおこなっていったのだろうか。

　トルコ系遊牧民の中央アジアへの移動，歴史については数多くの概説書が
書かれている。主なものを出版年順に挙げると，松田壽男『砂漠の文化——
中央アジアと東西交渉』（中公新書，1966 年，岩波同時代ライブラリーで
1994 年復刊），間野英二『中央アジアの歴史』（講談社現代新書，1977 年），
山田信夫『世界の歴史 10　草原とオアシス』（講談社，1985 年），護雅夫，
岡田英弘編『民族の世界史 4　中央ユーラシアの世界』（山川出版社，1990
年），小松久男編『中央ユーラシア史』（山川出版社，2000 年）などがあ
る。また，バルトリド（長沢和俊訳）『中央アジア史概説』（角川文庫，1966
年），同（小松久男監訳）『トルキスタン文化史 1・2』（平凡社，2011 年）
は，ロシアの碩学の手になる中央アジア史論の貴重な日本語訳。Barthold,
Turkestan down to the Mongol Invasion, London, 1928 は，同じ著者による
浩瀚な大著。

　イラン・ペルシア文化については，黒柳恒男『ペルシア文芸思潮』（近藤
出版社，1977 年）で概説的な知識をつかんでからシャー・ナーメ（王書）

を読むことに挑戦してみよう。翻訳，紹介についてはフィルドゥスィー（黒柳恒男訳）『王書――ペルシア英雄叙事詩』（平凡社，1969 年），岡田恵美子訳『王書』（岩波文庫，1999 年），黒柳恒男『ペルシャの神話――王書より』（泰流社，1980 年），岡田恵美子『ペルシアの神話』（筑摩書房，1982 年）がある。なお，フィルドゥスィーより後の世代の文人政治家で，セルジューク朝に宰相として仕えたニザーム・アルムルクの著した政治指南書が井谷鋼造・稲葉穣訳『統治の書』（岩波書店，2015 年）として日本語に訳されている。これを手がかりにトルコ系の王朝権力とペルシア系知識人との共存と相剋について考えてみるのも一興である。

　ペルシア文化は，狭い意味でのイランにとまらず，中央アジアからアフガニスタン，インドへ向けて広まっていきながらユーラシアのなかで文化圏として重みを増していくが，これについては森本一夫編著『ペルシア語が結んだ世界――もうひとつのユーラシア史』（北海道大学出版会，2009 年），近藤信彰『ペルシア語文化圏史研究の最前線』（東京外国語大学アジア・アフリカ言語文化研究所，2011 年）を参照のこと。

　さらにトルコ系の人たちがイラン・ペルシア文化から自立し，みずからの文化を確立していくさまをチャガタイ・トルコ語成立のプロセスを通してみていきたい。間野英二『バーブル・ナーマの研究 1-4』（松香堂，1995-2001 年）はこれについても触れる著者畢生の大作。このなかに収められたバーブルの回想録が，別に『バーブル・ナーマ：ムガル帝国創設者の回想録 1〜3』（平凡社，2014-2015 年）として出版され，またその生涯についても同じ著者によって『バーブル』（山川出版社，2013 年）として刊行されていて容易に読むことができる。

🌺 **トルコ系遊牧民がイスラームに改宗していくプロセスをみてみよう。**

　トルコ系遊牧民の多くは，シャマニズムを信仰していた。これについては護雅夫『遊牧騎馬民族国家』（講談社現代新書，1967 年）に要を得た説明がある。M・エリアーデ（堀一郎訳）『シャーマニズム――古代的エクスタシ

ー技術』（冬樹社，1974 年，ちくま学芸文庫で復刊）はこの分野における最高峰の著作。ウノ・ハルヴァ（田中克彦訳）『シャマニズム――アルタイ系諸民族の世界像』（三省堂，1971 年）は，宗教儀礼など具体的な事例が豊富である。羽田明『中央アジア史研究』（臨川書店，1982 年）は，最初にイスラームに改宗したと言われるカラハン朝君主サトゥク・ボグラ・ハーンをめぐる伝説を扱う。これを補い，中央アジア全体の歴史を見渡してトルコ系の人びととイスラームとの関係について概略するものとして濱田正美『中央アジアのイスラーム』（山川出版社，2008 年）がある。

❧トルコ系遊牧民の侵入期に中央アジアとイランではスーフィズムがさかんであった。これはどのようなイスラームなのだろうか。

　スーフィズムについて考えていく前にまず，井筒俊彦『イスラーム文化――その根底にあるもの』（岩波書店，1981 年，再刊・岩波文庫，1991 年，再録・『井筒俊彦著作集 2』中央公論社，1993 年，『井筒俊彦全集』第 7 巻，慶應義塾大学出版会，2014 年），中村廣治郎『イスラム――思想と歴史』（東京大学出版会，1977 年），小杉泰『イスラームとは何か――その宗教・社会・文化』（講談社現代新書，1994 年）を読んでコーラン，ハディース，法学，神学といった基本的な事柄をおさえ，それらとの違いを念頭におきながらスーフィズムの特徴をみていきたい。

　ラレ・バフティヤル（竹下政孝訳）『スーフィー――イスラム神秘階梯』（平凡社，1982 年）は図版が多くて読みやすい。R. A. ニコルソン（中村廣治郎訳・解説）『イスラムの神秘主義』（東京新聞出版局，1980 年，平凡社ライブラリーで 1996 年復刊）は，イギリスの碩学による定評ある入門書。井筒俊彦『イスラーム哲学の原像』（岩波新書，1980 年）は，認識論からする忘我自失（ファナー），神との合一の解釈が独創的である。

　スーフィー像をつかむにはガザーリー（中村廣治郎訳注）『誤りから救うもの』（ちくま学芸文庫，2003 年）が最適。律法主義的なウラマーの道から精神主義的なスーフィーのそれに回心した 11 世紀イランのスーフィーの心

の変化がこの自伝から分かる。中村廣治郎『ガザーリーの祈禱論』（大明堂，1982 年）とあわせて読むとさらに深い理解をえられる。アッタール（藤井守男訳）『イスラーム神秘主義聖者列伝』（国書刊行会，1998 年）はペルシア語からの貴重な原典訳。スーフィズム，聖者信仰は近年とみにさかんになってきた分野で，私市正年『イスラム聖者──奇跡・予言・癒しの世界』（講談社現代新書，1996 年）の刊行以降，佐藤次高『聖者イブラーヒーム伝説』（角川書店，2001 年），赤堀昌幸・東長靖・堀川徹編『イスラーム神秘主義と聖者信仰』（東京大学出版会，2005 年），赤堀雅幸編『民衆のイスラーム』（山川出版社，2008 年），東長靖『イスラームとスーフィズム』（名古屋大学出版会，2013 年），高橋圭『スーフィー教団』（山川出版社，2014 年）等，着実に成果が蓄積されてきている。英文の研究書であるが，Itzchak Weisman, *The Naqshbandiyya──Orthodoxy and activism in a worldwide Sufi tradition*, London and New York, 2007 はユーラシア全体を見据えた視点からスーフィー教団としてのナクシュバンディー教団の広がりを要を得たかたちで俯瞰していて面白い。

　第 II 章でスーフィー教団としてのサファヴィー教団のシーア派化について触れたので，以下のシーア派関連の書籍を紹介しておきたい。まずは，桜井啓子『シーア派』（中公新書，2006 年），嶋本隆光『シーア派イスラーム神話と歴史』（京都大学学術出版会，2007 年），富田健次『イランのシーア派イスラーム学教科書』（明石書店，2008 年）といった啓蒙的な書籍にあたり，それを踏まえてシーア派の聖職者が徹頭徹尾，内在的な言葉で語ったシーア派の概説書たるモハンマド＝ホセイン・タバータバーイー（森本一夫訳）『シーア派の自画像』（慶應義塾大学出版会，2007 年）を読むと難解だといわれるシーア派についての理解が一層，深まるであろう。

第 III 章　東方キリスト教世界のトルコ化

❦セルジューク朝，オスマン帝国に征服される以前のビザンツ帝国の言語，宗教について調べてみよう。

　ビザンツ帝国の概説書としては井上浩一『生き残った帝国ビザンティン』（講談社現代新書，1990年）が簡便。オストロゴルスキー（和田廣訳）『ビザンツ帝国史』（恒文社，2001年）という大著の翻訳もある。ジャン・ピエール・アレム（藤野幸雄訳）『アルメニア』（白水社，1986年），ヨルゴス・D.フルムジアーディス（谷口勇訳）『ギリシャ文化史——古代・ビザンティン・現代』（而立書房，1989年），ジェラヴィッチ（野原美代子訳）『バルカン史』（恒文社，1982年），スティーヴン・クリソルド編（田中一生，柴宜弘，高田敏明訳）『ユーゴスラヴィア史』（恒文社，1980年）は，アルメニア人，ギリシア人，スラブ系のブルガリア人，セルビア人の言語と宗教をみていくのに有益。さらに立ち入ったキリスト教事情について知りたいというむきには，森安達也『キリスト教史3』（山川出版社，1978年），同『東方キリスト教の世界』（山川出版社，1991年），ディミータル・アンゲロフ（寺島憲治訳）『異端の宗派　ボゴミール』（恒文社，1989年），アズィズ・S・アティーヤ（村山盛忠訳）『東方キリスト教の歴史』（教文館，2014年）が役に立つ。Speros Vryonis, *The Decline of Medieval Hellenism in Asia Minor*, Berkley, 1971 は，ビザンツ史の視点からトルコ系諸民族の侵入，その影響を論じた浩瀚な書物。

❦セルジューク朝からオスマン帝国時代にかけてのアナトリア，バルカンの征服過程について調べ，被支配諸民族がどのように統治されたのか考えてみよう。さらにイスラーム化，トルコ化はどのように進んだのだろうか。

　スタンダードな概説書として古くは三橋冨治男『トルコ史——オスマン帝国を中心に』（紀伊国屋新書，1964年，近藤出版社から1990年再刊，1994年に精選復刻紀伊國屋新書として再々刊），三橋冨治男『オスマン＝トルコ

史論』（吉川弘文館，1982 年）がある。これらに続いて鈴木董『オスマン帝国——イスラム世界の「柔かい専制」』（講談社現代新書，1992 年），林佳世子『オスマン帝国の時代』（山川出版社，1997 年），永田雄三・羽田正『成熟のイスラーム社会』（世界の歴史 15，中央公論社，1998 年），永田雄三編『西アジア史 II　イラン・トルコ』（山川出版社，2002 年），林佳世子『オスマン帝国 500 年の平和』（講談社，2016 年），小笠原弘幸『オスマン帝国　繁栄と衰亡の 600 年史』（中央公論社，2018 年）が刊行されている。ロベール・マントラン（小山皓一郎訳）『トルコ史（改訳）』（白水社，1982 年）はフランスのオスマン史の大家が書き下ろした新書サイズの本。英語では Claude Cahen, *Pre-Ottoman Turkey*, London, 1968, Halil Inalcık, *The Ottoman Empire*, London, 1973 が名著。

　征服後の統治の問題については鈴木董『イスラムの家からバベルの塔へ——オスマン帝国における諸民族の統合と共存』（リブロポート，1993 年），同『オスマン帝国の権力とエリート』（東京大学出版会，1993 年），同『オスマン帝国とイスラーム世界』（東京大学出版会，1997 年）が詳しい。アンドレ・クロー（岩永博他訳）『メフメト二世——トルコの征服王』（法政大学出版局，1998 年），同（濱田正美訳）『スレイマン大帝とその時代』（法政大学出版局，2000 年）は，二人の著名なスルタンの生涯を追いながらその統治について知ることができる。ミッレト制に関しては日本語で専著がなく，B. Braude and B. Lewis, *Christians and Jews in the Ottoman Empire: The Functioning of a Plural Society*, Vol. I–II, New York & London, 1982 にあたる必要がある。なお，コラムでも紹介したイヴォ・アンドリッチ（松谷健二訳）『ドリナの橋』（恒文社，1987 年）は，オスマン帝国治下のボスニアの姿がありありと浮かんでくる一冊。

　アナトリア，バルカンのイスラーム化に大きな役割を果たしたのは，スーフィー教団である。これについて扱う欧米語，トルコ語の本はあまたあるが，日本語では関係雑誌に論文として発表されているものの，いまだ少ないのが実状である。そうしたなか井筒俊彦訳『ルーミー語録』（岩波書店，

1978 年）はメヴレヴィー教団の創始者の教えが分かる貴重な訳業。これを味読してトルコにおけるスーフィズムの精神をつかみたい。エミーネ・イェニテルズィ（西田今日子訳）『神秘と詩の思想家メヴラーナ』（丸善プラネット株式会社，2006 年）もトルコのイスラーム神秘主義研究者が著したメヴレヴィー論として貴重。イブン・バットゥータ（イブン・ジュザイイ編・家島彦一訳注）『大旅行記 1―8』（平凡社，1996－2002 年）のアナトリアの部分にも 14 世紀のスーフィズム事情についての重要な情報がみえる。護雅夫訳『ナスレッディン・ホッジャ物語――トルコの知恵ばなし』（平凡社，1965 年）は，当時のムスリムの心情，行動様式を知るのによい。

第 IV 章　未完のトルキスタン国家

✤帝政ロシアの中央アジア支配は，直接統治と間接統治のかたちをとっておこなわれた。征服以前の地方政権の状況をおさえながら統治がどのようにおこなわれたかみてみよう。

　佐口透『ロシアとアジア草原』（吉川弘文館，1966 年）は，出版年は古いが，ロシア語，漢文の史料を丹念に使った研究で今なお価値を失っていない。これに木村英亮，山本敏『ソ連現代史 2』（山川出版社，1979 年），小松久男編『中央ユーラシア史』（山川出版社，2000 年），小松久男『激動の中のイスラーム――中央アジア近現代史』（山川出版社，2014 年），野田仁・小松久男編『近代中央ユーラシアの眺望』（山川出版社，2019 年）といった新旧の概説書を加えて統治の実際を整理したい。

　中央アジアと一口にいっても地域的には多様な顔をもつ。それをリアルにとらえるためには 19 世紀以降，この地にさかんに入りこむようになった欧米人の旅行記が役にたつ。デニスン・ロス，ヘンリ・スクライン（三橋富治男訳）『トゥルキスタン――アジアの心臓部』（生活社，1940 年，原書房，1976 年復刻），ヴァンベーリ（小林高四郎，杉本正年訳）『ペルシア放浪記――托鉢僧に身をやつして』（平凡社，1965 年），ランスデル（大場正史訳）

『西トルキスタンへの旅（西域探検紀行全集第3・4）』上・下（白水社，1968年）などの翻訳が出ている。こうした旅の裏には中央アジアをめぐる英露の戦略的な思惑がからむが，ピーター・ホップカーク（京谷公雄訳）『ザ・グレート・ゲーム——内陸アジアをめぐる英露のスパイ合戦』（中央公論社，1992年）は，この点を詳説する。

なお，日本も対中国，ロシア政策の観点から中央アジア情勢には深い関心を払っていた。金子民雄『中央アジアに入った日本人』（新人物往来社，1973年，中公文庫で1992年復刊）はこの間の事情について記す。金子民雄訳『シルクロード紀行1』（雄松堂，1990年）は，1880年，駐露公使の任務を終えて帰国途中，中央アジアを視察した西徳二郎の旅行記『中亜細亜紀事』（陸軍文庫，1886年）の現代語訳である。欧米人に勝るとも劣らぬその観察眼は出色。

✿中央アジアではじまる教育・言語改革運動は，どのようなかたちでトルキスタン・ナショナリズムの運動に発展し，ソ連邦確立の過程で挫折していったのだろうか。

中央アジアの教育改革の動きを知るには，ブハラの神学校で伝統的，守旧的な教育をうけたアイニーの回想録，米内哲雄訳『ブハラ——ある革命芸術家の回想』（未来社，1973年）を読むのがいちばんである。原典は中央アジアのペルシア語方言＝タジク語で書かれているが，邦訳はロシア語からの重訳である。全4部のうちの前半だけしか訳されていないのは残念。しかし，この自伝文学の傑作に容易に手にすることができるのは有り難い。なお，サドリーディン・アイニ（米内哲雄訳）『ブハラの死刑執行人——付・高利貸の死』（日本図書刊行会，近代文芸社，1997年）も邦訳，出版されている。

言語改革とトルキスタン・ナショナリズムとの関係は，ウズベクの革命家・文学者フィトラトに焦点をあてた小松久男『革命の中央アジア——あるジャディードの肖像』（東京大学出版会，1996年）が問題点をよく整理していて読みやすい。これと社会主義の面から分析する木村英亮『ロシア現代史

と中央アジア』（有信堂高文社，1999年）を読みくらべながら，トルキスタン・ナショナリズムの挫折，民族的境界画定について考えたい。最後まで抵抗したバスマチ運動については山内昌之『納得しなかった男——エンヴェル・パシャ　中東から中央アジアへ』（岩波書店，1999年）が青年トルコ人革命の指導者エンヴェル・パシャとの関係から詳述する。

ソ連邦崩壊後の新しい民族運動のうねり，中央アジアをめぐる国際関係については，石田進編『中央アジア・旧ソ連イスラーム諸国の読み方——言語・民族・資源・産業』（ダイヤモンド社，1994年），宇山智彦『中央アジアの歴史と現在』（東洋書店，2000年），宇山智彦『中央アジアを知るための60章』（明石書店，2010年），宇山智彦・藤本透子編著『カザフスタンを知るための60章』（明石書店，2015年）が参考になる。ヴァンサン・モンテイユ（森安達也訳）『ソ連がイスラーム化する日』（中公文庫，1986年），グレース・ハルセル（越智道雄訳）『ソ連のイスラム教徒』（朝日選書，1991年）は，ソ連が崩壊すら前から中央アジアの民族・宗教問題を予知していたという点で注目に値する。しかし，内容的にはだいぶ色あせている。

第V章　アゼルバイジャン　二つの顔

❦アゼルバイジャンの北部地域が帝政ロシアによって軍事的，政治的に征服され，さらに石油産業の勃興によって経済的に発展していく過程について調べてみよう。

アゼルバイジャンを含むザカフカスへの帝政ロシアの進出については，中央アジア以上に研究が手薄で適当な概説書を欠く。このため，すでに中央アジアのところで紹介した木村英亮，山本敏『ソ連現代史2』（山川出版社，1979年）を手元におき，不十分な部分をA. L. Altstadt, *The Azerbaijani Turks*, Stanford, 1992，T. Swietochowski, *Russian Azerbaijan*, 1905–1920, C. U. P. 1985で補うようにしたい。両書の力点は民族主義，社会主義におかれているが，征服，支配の過程についてもスペースを割いている。プーシキ

ン（米川哲夫訳）「1829年の遠征時のエルズルム紀行」（『プーシキン全集』第5巻，河出書房新社，1973年）は有名なロシアの文豪が露土戦争後，講和条約締結のため使節団の一員としてザカフカスを通ってアナトリアに旅したときの紀行文。みずみずしい風景描写が秀逸である。なお，歴史に特化したものではないが，近年出された北川誠一他『コーカサスを知るための60章』（明石書店，2006年），廣瀬陽子『アゼルバイジャン——文明が交錯する「火の国」』（群像社，2016年），廣瀬陽子編著『アゼルバイジャンを知るための67章』（明石書店，2018年）に収められたエッセイはこの時期の歴史を理解する上で有用。

　バクー周辺の石油産業の発展については，ダニエル・ヤーギン（日高義樹，持田直武訳）『石油の世紀——支配者たちの興亡』上・下（日本放送出版協会，1991年）がもっとも信頼に値する情報を提供してくれる。アゼルバイジャンの石油問題だけにとどまらず，1850年代にアメリカではじまった石油採掘から現代まで，石油にかかわることはすべて網羅する百科全書的な本。ヘディン（金森誠也訳）『ペルシャから中央アジアへ（ヘディン探検紀行全集1)』（白水社，1978年）をここで取りあげることに違和感をもつ人がいるかもしれないが，最初の部分にバクーが登場する。ヘディンは中央アジア探検をはじめる前，ノーベル商会の子弟の家庭教師としてこの町に滞在した経験をもつ。そのバクーの記述は長くはないが，含蓄に富む。

🐾アゼルバイジャンの民族主義は，南北で異なったあらわれ方をした。どのように違うのか，比較しながら考えてみよう。また，北でみられたアルメニア人とのしこりはいかなる民族間衝突をソ連邦解体の過程で起こしたのだろうか。

　アーホンドザーデの言語改革運動にはじまる北の文化ナショナリズムについては，現地のアゼルバイジャン語文献を丹念に読みこんでまとめた塩野崎信也『〈アゼルバイジャン人〉の創出——民族意識の形成と基層』（京都大学学術出版会，2017年）が詳しく論じている。この文化ナショナリズムが

1905 年から 17 年にかけての第一次，第二次のロシア革命に際して政治化
し，社会主義とつばぜり合いを演じながらトルコ民族主義として発展した。
この間の状況はミコヤン（小川政邦，上田津訳）『ミコヤン回想録 1　バク
ー・コンミューン時代』（河出書房新社，1973 年）からうかがうことができ
る。著者はソ連邦の最高幹部会議長をつとめたアルメニア人の社会主義者。
トルコ民族主義に反対の立場から書かれているという限界はあるものの，日
本語で容易に読めるものがない現状において生の史料として重要である。英
文の研究書であるが，関連史料を精査して書かれた R. G. Suny, *The Baku
Commune, 1917–1918*, Princeton, 1972 と照らし合わせて読むとより一層実
像に近づけるはずである。

　トルコ民族主義の側からこの時期のことについて知りたいという人には純
然たる歴史物でないが，クルバン・サイード（松本みどり訳）『アリとニノ』
（河出書房新社，2001 年）の一読を勧める。これはロシア革命時のバクーを
舞台にした若き男女をめぐる恋愛小説。著者はミュサーヴァト政権の関係者
と言われる。初版は亡命先のウィーンで 1937 年，ドイツ語で出された。あ
まりにマイナーすぎるという印象もぬぐいきれないが，欧米の読書界におい
てザカフカス版『ロミオとジュリエット』として話題沸騰した書である。か
つて『青春に愛を賭けて』（若林健訳，三笠書房，1974 年）として出版され
たこともある。

　南のイラン・アゼルバイジャンの動きを追ったものとして八尾師誠『イラ
ン近代の原像——英雄サッタール・ハーンの革命』（東京大学出版会，1998
年），佐野東生『近代イラン知識人の系譜』（ミネルヴァ書房，2010 年）が
ある。さらに深くイランに住むアゼルバイジャン系の人たちのアイデンティ
ティの在りようにについて知りたいと思う人は，英語で書かれた Touraj
Atabaki, *Azerbaijan—ethnicity and the struggle for power in Iran*, Lon-
don-New York, 2000, Brenda Shaffer, *Borders and Brethren: Iran and the
Challenge of Azerbajani Identity*, Cambridge-Massachusetts, 2002 にあたっ
て欲しい。同じアゼルバイジャンでも南ではトルコ民族主義に共鳴するとこ

ろが少なく，シーア派イランという強固な枠組みのなかで文化，政治が動いていたことに注意をむけたい。

　北のロシア・アゼルバイジャンにおけるトルコ民族主義の興隆は，アルメニア人との深刻な衝突をひき起こした。こうした状況はソ連邦成立後，潜在化していくが，ペレストロイカがはじまると一気に爆発，それがソ連邦解体の引き金になったことは記憶に新しい。高橋清治『民族の問題とペレストロイカ』（平凡社，1990年）は，民族間の憎悪について考えるのに参考になる。佐藤信夫編著『ナゴルノ・カラバフ』（泰流社，1989年），中島偉晴『閃光のアルメニア―ナゴルノ・カラバフはどこへ　トランスコーカサス歴史と紀行』（神保出版会，1990年）はアルメニア人の側から衝突事件を分析した書。中島偉晴，メラニア・バグダサリリャン編著『アルメニアを知るための65章』（明石書店，2009年）は，日本人にはなじみが薄いアルメニアについて紹介する。歴史的な観点からは，リブレット形式のコンパクトなかたちで吉村貴之『アルメニア近現代史』（東洋書店，2009年）も出されているが，ジョージ・ブルヌティアン（渡辺大作訳）『アルメニア人の歴史』（藤原書店，2016年）はボリュームのある詳説通史。

第 VI 章　変転するトルコ人の民族意識

❦ミッレト制を重荷に感じ，民族独立運動をおこしていったバルカン諸民族の動きについて調べてみよう。

　これに関連する本は，日本語でかなり出されている。まず芦田均『バルカン』（岩波新書，1939年），P. F. シュガー，I. J. レデラー編（東欧史研究会訳）『東欧のナショナリズム――歴史と現在』（刀水書房，1981年），D. ジョルジェヴィッチ，S. フィッシャー・ガラティ（佐原徹哉訳）『バルカン近代史――ナショナリズムと革命』（刀水書房，1994年）などで全体をおさえ，それぞれの民族・国ごとに独立運動をみていくことをすすめる。

　ギリシアについてはニコス・スボロノス（西村六郎訳）『近代ギリシア史』

（白水社，1988 年），C. M. ウッドハウス（西村六郎訳）『近代ギリシァ史』（みすず書房，1997 年），リチャード・クロッグ（高久暁訳）『ギリシャ近現代史』（新評論，1998 年）がある。

　ユーゴスラヴィアについてはすでに挙げたスティーヴン・クリソルド編（田中一生・柴宜弘・高田敏明訳）『ユーゴスラヴィア史』（恒文社，1980 年）のほか，柴宜弘『ユーゴスラヴィア現代史』（岩波新書，2021 年）がコンパクトで読みやすい。ロバート J. ドーニャ，ジョン V. A. ファイン（佐原徹哉訳）『ボスニア・ヘルツェゴヴィナ史——他民族国家の試練』（恒文社，1995 年）は，ボスニアの民族間関係の歴史的ルーツとその展開を概観したもの。

　ブルガリアについてはギリシア，ユーゴスラヴィアほど研究がさかんでない。森安達也・今井淳子共訳編『ブルガリア——風土と歴史』（恒文社，1981 年）が手頃な入門書としてあるが，独立運動を扱うすぐれた二つの歴史小説，ターレフ（松永緑弥訳）『鉄の燈台』（恒文社，1981 年），イワン・ヴァーゾフ（松永緑弥訳）『軛の下で』（恒文社，1990 年）を手にとってブルガリアをイメージするのも楽しい。後者は魯迅も激賞した作品。

❦オスマン帝国末期からトルコ共和国成立期にかけてトルコ民族主義はどのように形成され，変質をとげていったのであろうか。

　トルコ民族主義の形成・発展について考える前提として，まずバルカンの民族独立運動に直面したオスマン帝国が国家体制を立て直すためにいかなるナショナリズムを上から打ち出していったのかみておく必要がある。この点で新井政美『トルコ近現代史——イスラム国家から国民国家へ』（みすず書房，2001 年），同『オスマン帝国はなぜ崩壊したのか』（青土社，2009 年），アラン・パーマー（白須英子訳）『オスマン帝国衰亡史』（中央公論社，1998 年），鈴木董『オスマン帝国の解体——文化世界と国民国家』（ちくま新書，2000 年），Bernard Lewis, *The Emergence of Modern Turkey*, London, 1968, S. J. Shaw, *History of the Ottoman Empire and Modern Turkey*, vol.

II, London, 1977 が問題の整理に役立つ。

　トルコ民族主義の歴史論，言語改革運動について日本語でかなり論文が発表されているが，残念ながら専著がなく英語で書かれた単行本にあたらざるをえない。Ziya Gökalp（tr. by Niyazi Berkes），*Turkish Nationalism and Western Civilization*, London, 1959. は，トルコ民族主義のイデオローグとして広範な著作を残したジヤ・ギョカルプのアンソロジー。英文は難解ではなく，すんなり読める。同じく Ziya Gökalp（tr. Robert Devereux），*The Principles of Turkism*, Leiden, 1968 は，最晩年の書の英訳。研究書としては D. Kushner, *The Rise of Turkish Nationalism 1876-1908*, London, 1977 と Masami ARAI, *Turkish Nationalism in the Young Turk Era*, Leiden, 1992 を代表的研究として挙げておく。新井政美のものは日本語で発表された雑誌論文がもとになっており，これらとあわせて読むと効果的である。

　青年トルコ人革命期におけるトルコ民族主義の肥大化については，Jacob M. Landau, *Pan-Turkism in Turkey*, London, 1981 に詳しい。藤波伸嘉『オスマン帝国と立憲政：青年トルコ革命における政治，宗教，共同体』（名古屋大学出版会，2011 年）は，オスマン帝国領内でミッレトとして重きをなしていたギリシア正教会の動向とそれを警戒するトルコ系住民がバルカン戦争においてギリシア系住民に対して反目，攻撃していく状況についても詳説する。先に挙げた山内昌之『納得しなかった男』は第一次世界大戦期にパン・トルコ主義の野望に夢をはせたエンヴェル・パシャの生涯を扱う。第一次世界大戦後，祖国戦争に立ち上がったケマル・アタテュルクがトルコ民族主義を空間的にアナトリアに限定して縮小，変質させていく過程を追った研究はなく，次のトルコ革命史，アタテュルクの伝記，現代トルコ関係の本を参考にして考えていきたい。鈴木正四『アジア民族革命の研究』（青木書店，1972 年），ブノアメシャン（牟田口義郎訳）『灰色の狼ムスタファ・ケマル——新生トルコの誕生』（筑摩書房，1990 年），大島直政『ケマル・パシャ伝』（新潮選書，1984 年），山内昌之『中東国際関係史研究：トルコ革命とソビエト・ロシア 1918-1923』（岩波書店，2013 年），設楽國廣『ケマ

ル・アタチュルク』（山川出版社，2016 年）。近年出版されたシュクリュ・ハーニオール（新井政美監訳；柿崎正樹訳）『文明史から見たトルコ革命』（みすず書房，2020 年）は，かつてイスタンブル大学で研究・教育に従事し，現在はアメリカのプリンストン大学で教鞭をとるトルコ人のオスマン帝国近代史研究の第一人者が著す精緻にして詳細な革命史の一冊。また，トゥルグット・オザクマン（鈴木麻矢訳）『トルコ狂乱』（三一書房，2008 年）は，長編歴史小説のかたちをとるが，独立を勝ちとるまでの壮絶なトルコ＝ギリシア戦争，祖国解放運動について，それに参加し関わった人びとが残した関係史料をくまなく渉猟して活写し，その筆力に圧倒される大冊。

　J.パーカー，C.スミス（安井太郎訳）『現代のトルコ』（文明社，1944年），ホサム（護雅夫訳）『トルコ人』（みすず書房，1983 年），マフムト・マカル（尾高晋己，勝田茂訳）『トルコの村から——マフムト先生のルポ』（社会思想社，1981 年），松原正毅『トルコの人びと——語り継ぐ歴史のなかで』（NHK ブックス，1988 年）は，少し古くなってしまった嫌いはあるが，今でもなお役立つ共和国が出来てからのトルコ社会を知るのに有益な書として価値をもつ。

❦トルコ民族主義が優勢になっていくなかでどのような民族間衝突，少数民族問題が生じたのだろうか。

　19 世紀末から第一次世界大戦期にかけてのアルメニア人問題についてはかなりの本が出版されている。レオ・クーパー（高尾利数訳）『ジェノサイド』（法政大学出版局，1986 年），マリグ・オアニアン（北山恵美訳）『異境のアルメニア人』（明石書店，1990 年），デーヴィッド・ケルディアン（越智道雄訳）『アルメニアの少女』（評論社，1990 年），藤野幸雄『悲劇のアルメニア』（新潮選書，1991 年），オーロラ・マルディガニアン（上野庸平訳）『奪われたアルメニア：ジェノサイドを生き延びた少女の物語』（明石書店，2021 年）。ただし，これらの本は虐殺という視点が強すぎ，民族間衝突をもう少し客観的にみていくことが必要である。佐原徹哉『中東民族問題の起

源：オスマン帝国とアルメニア人』（白水社，2014 年）は，日本人の視点からこの問題にアプローチする。

　ギリシア人との紛争は，トルコ共和国成立後に実施された住民交換のあとでもキプロス問題という形でくすぶりつづけている。ロレンス・ダレル『にがいレモン――キプロス島滞在記』（筑摩書房，1981 年）は，イギリス人の目からみた出色のルポルタージュ。大島直政『複合民族国家キプロスの悲劇』（新潮選書，1986 年）もよくまとまっている。

　少数民族クルドをめぐっては，湾岸戦争後におけるイラクのクルド問題ともからんで多くの研究書，ルポルタージュが公刊されている。川上洋一『クルド人　もうひとつの中東問題』（集英社新書，2002 年）は，問題のありかを簡便に整理する。中川喜与志『クルド人とクルディスタン』（南方新社，2001 年）はボリュームのある大著。中川喜代志，大倉幸宏，武田歩編『レイラ・ザーナ――クルド人女性国会議員の戦い』（新泉社，2005 年）は，PKK（クルディスタン（労働者党））とは異なり，トルコ大国民議会の内で議員としてクルド人の民族的権利の拡大に戦ってきた著名な女性運動家レイラ・ザーナの軌跡を丹念に掘り起こした労作。さらに以下のルポルタージュは，トルコも含めてイラク，イランのクルド社会に果敢に飛びこんで取材しまとめられたもので，いずれも臨場感にあふれた好著である。勝又郁子『クルド・国なき民族のいま』（新評論，2001 年），松浦範子『クルディスタンを訪ねて』（新泉社，2003 年），中島由佳利『新月の夜が明けるとき――北クルディスタンの人びと』（新泉社，2003 年），朝日新聞「クルドの肖像」取材班『クルドの肖像』（彩流社，2003 年）。

　小島剛一『トルコのもう一つの顔』（中公新書，1991 年），イスマイル・ベシクチ（中川喜与志，高田郁子訳）『クルディスタン　多国間植民地』（柘植書房，1994 年）は，トルコに対する糾弾姿勢が強すぎるのが気にかかる。近年出版された山口昭彦『クルド人を知るための55 章』（明石書店，2019 年）は，トルコ，イラン，イラクに分かれて住むクルド人の地域をひとつの総体的なエリアとしてとらえて紹介する意欲的な啓蒙書。カール・マ

イ（戸叶勝也訳）『秘境クルディスタン』（エンデルレ書店，1981年）は，
19世紀末，バグダード鉄道が建設に着手された頃，ドイツでクルディスタ
ンに対する関心が高まった時期に書かれた冒険ロマン。ドイツの国粋的な愛
国主義に注意を払わなければならないが一読に値する。

終章　灰色の狼はよみがえるのか

❦オスマン帝国末期からトルコ共和国が建国されていく時期に「灰色の狼」
の始祖伝説はトルコ系の人びとのあいだで民族の起源を象徴するものとし
て，また自らのアイデンティティの拠り所として広く受け入れられていく
が，前章までで触れたユーラシア各地に移動していったトルコ系の人びとが
残した英雄叙事詩がそれぞれの民族的アイデンティティの形成，文化ナショ
ナリズムにどのような影響を与えたのか考えてみよう。

　幸いなことに今ではこれらの英雄叙事詩のいくつかは日本語で読むことが
できる。長谷川太洋『オグズナーメ──中央アジア・古代トルコ民族の英雄
の物語』（創英社／三省堂書店，2006年）は，アラビア語やペルシア語で書
かれたイスラーム文献史料のなかでシルクロードに沿って移動していったト
ルコ系の人びとでオグズと総称された集団が残した英雄叙事詩の翻訳。若松
寛訳『マナス──キルギス英雄叙事詩』全3巻（少年篇＋青年篇＋壮年
篇），平凡社，2001＋2003＋2005年）は，現在天山山脈の北麓地方で国をつ
くっているキルギス人の間に伝わる物語。アム川を西に渡ってイラン西北部
からザカフカス東南部にかけてのアゼルバイジャン地方に入っていたトルコ
系の人びとの間に流布するのが，菅原睦・太田かおり訳『デデ・コルクトの
書』（平凡社，2003年）である。小笠原弘幸『イスラーム世界における王朝
起源論の生成と変容』（刀水書房，2014年）は，アナトリアからバルカンに
かけての地域に広がっていった英雄叙事詩の研究，翻訳をしたものではない
が，オスマン帝国の起源にかかわるオグズ伝承に言及していて参考になる。

　他方，ステップルートを通じてウラル・ヴォルガ地方に移動していったト

ルコ系の人びとが残したものとして，坂井弘紀訳『ウラル・バトゥル——バシュコルト英雄叙事詩』（平凡社，2011年）と同『アルパムス・バトゥル——テュルク諸民族英雄叙事詩』（平凡社，2015年）がある。これらの翻訳の作業を通じて同じ訳者によって『中央アジアの英雄叙事詩』（東洋書店，2002年）も著されている。リブレット形式の小著であるが，簡にして要を得た英雄叙事詩の解説書として役に立つ。

🎵冷戦体制の崩壊後，トルコと旧ソ連邦を構成していた中央アジア，アゼルバイジャンとの関係が活発化した。これについて政治，経済，文化などの面から考えてみよう。

　現代の問題を知るためには，歴史書を読むことも大事だが，実務の面で深くかかわっている人たちの書いた本が役にたつ。松谷浩尚『現代トルコの政治と外交』（勁草書房，1987年）は，トルコでの駐在経験が長い外交官が著したもの。これを読んで冷戦体制下におけるトルコとソ連邦との政治・外交史をまず頭に入れ，次いでそれを踏まえ山口洋一『トルコが見えてくる』（サイマル出版会，1995年），遠山敦子『トルコ　世紀のはざまで』（日本放送出版協会，2001年）で冷戦体制崩壊後におけるトルコと中央アジア，アゼルバイジャンとの関係変化についてみていこう。著者はいずれも元駐トルコ大使。

　今井宏平『トルコ現代史——オスマン帝国崩壊からエルドアンの時代まで』（中公新書，2017年）は，第二次世界大戦後のトルコの現代史を中心に近年における情勢をおさえながら大局的に詳説する意欲作。アフメト・ダウトオウル（中田考監訳）『文明の交差点の地政学』（書肆心水，2020年）は，もともとトルコ・ベイケント大学で国際政治学を教え，後にエルドアン政権の下で外相，首相を務めた著者が書き下ろした，トルコをめぐる国際的なパワー・ポリティクスについて論じた注目の書。これを読んで現代トルコおよびイスタンブルをめぐる国際政治・外交問題について考えてみたい。

　この他トルコ共和国になってからの現代的な政治・経済問題については，

澤江史子『現代トルコの民主政治とイスラーム』（ナカニシヤ出版，2005年），内藤正典『激動のトルコ』（明石書店，2008年），イルテル・エルトゥールル（佐原徹哉訳）『現代トルコの政治と経済』（世界書院，2011年），宮下陽子『現代トルコにおける政治的変遷と政党1938－2011』（学術出版会，2012年），今井宏平『中東秩序をめぐる現代トルコ外交』（ミネルヴァ書房，2015年）など着実に成果が積み重ねられている。野中恵子『ビザンツ，オスマン，そしてトルコへ』（彩流社，2010年）と鈴木慶孝『〈トルコ国民〉とは何か』（慶應義塾大学出版会，2020年）は文化の面から現代トルコに迫ろうとするもので，ナショナル・アイデンティティに苦悶する現代トルコの姿が生き生きと伝わってきて魅力的である。

中央アジア，アゼルバイジャンの方からの変化に注目したものとしてはすでに紹介した石田進編『中央アジア・旧ソ連イスラーム諸国の読み方』のほかにアハメド・ラシッド（坂井定雄，岡崎哲也訳）『よみがえるシルクロード国家』（講談社，1996年）がある。このほか近年では中央アジア，アゼルバイジャンに対する欧米諸国，日本の投資，企業進出が進むにつれて多くの本が出版されてくるようになってきている。

あとがき

　今から40年ほど以上前のことになるが，「19世紀イスファハーンの都市構成とメイダーン」という論文を書いたことがある。それ以来，私はイランの都市社会史，さらにイランからオスマン帝国の首都イスタンブルにのびる商業ネットワークに注目しながら，イランからトルコにまたがる広域的な交易圏をめぐる社会経済史を自分の研究テーマとしてきた。

　しかし，これを続けながらも頭からどうしても離れないものがあった。それはトルコ民族の故郷と見なされているモンゴル高原への郷愁である。そもそも私が東洋史の道に進もうと思ったきっかけは，モンゴルやトルコといったアルタイ系遊牧民に対する強い憧れからであった。このため学部から大学院の時代にかけては彼らが活動の舞台とするモンゴル高原，中央アジアの歴史を勉強した。

　ただ，私が学んだ慶應の東洋史というところは前嶋信次，井筒俊彦両先生によって種が蒔かれたイスラーム研究の伝統があり，私自身もいつしかそれに影響され，その渦の中に巻きこまれてアラビア語やペルシア語の勉強を始めた。この結果，研究のフィールドもユーラシアの東に位置するモンゴル高原から西へ，西へと移っていくことになった。

　このようにこれまで私がやってきたことは，学問遍歴という点からすればモンゴル・トルコ系の遊牧民と同じように移動を重ねてきたといえる。しかし，研究の重心が東から西へとシフトしても気持ちのどこかに原風景としてのモンゴル高原への郷愁は残り，またモンゴル・トルコ系遊牧民のダイナミックな民族移動の歴史に対しても自分の彷徨と重ね合わせることができるような気がして強い共感を持ち続けてきた。このことがトルコ民族の世界史について書いてみようと思った一つの動機になっている。

　しかし，本書はたんなる先祖返りの書ではない。このことは誤解のないよう強調しておきたい。私の頭の中にはモンゴル高原から中央アジア，イラ

ン，ザカフカス，アナトリア，バルカンへとシルクロードに沿って移動して
いったトルコ系遊牧民の民族移動という事象をうまくグローバル・ヒストリ
ーの分析の枠組みの中に取りこんで，ユーラシアの各地で起きている民族問
題の歴史的な背景を広い視野から考えてみたいという強い思いがあった。

　ソ連邦崩壊の過程で昂揚した中央アジアの民族主義，アゼルバイジャンの
ナゴルノ＝カラバフ紛争，トルコのクルド問題などについて考えていく時，
トルコ系諸民族のナショナリズムの諸相を押さえておくことは問題の深層理
解にとって鍵となる。トルコ系遊牧民の民族移動の歴史を追いながら，それ
を現代の民族問題につなげてユーラシアに展開するグローバル・ヒストリー
をできるだけ有機的に比較史，関係史の視点を入れながら横断的に叙述して
いく。これが本書を執筆するにあたってもっとも心を砕いた点である。

　自分の専門に引き付けて言うならば，イランからイスタンブルにつながる
商業ネットワークで活躍したアゼルバイジャンやアルメニアの少数民族商人
について知ろうとする時，トルコ民族史という枠組みは必要不可欠である。
また国際都市イスタンブルの商業，経済を牛耳っていたギリシア，アルメニ
アの非ムスリム商人の問題，第一次世界大戦前後の時期における不幸な民族
間衝突について考える時にもトルコ民族主義は深く影響している。私にとっ
てトルコ民族史という枠組みはたんなるノスタルジーに留まるものでなく，
近現代のイランからトルコにまたがるイスラーム世界の社会史，経済史を研
究していく上で欠かせない生きた分析装置と言っていいものなのである。

　ユーラシアにまたがるトルコ民族の世界はとてつもなく広大無辺である。
その歴史も奥が深い。一人の人間がこのような時空間を相手にしていくのは
身の程をわきまえない暴挙だとの誹りを免れない。しかし，自分の歩んでき
た遍歴，彷徨のさまを振り返り，全体の流れを荒削りでも概観し，そこから
新しい問題，ヒントを見つけていきたいという気持ちは押さえがたく，この
ような形での概説的試論と相成った次第である。

　トルコにおいては共和国建国以来，トルコ民族主義が国是であることもあ
っておびただしい数のトルコ民族史関係の本が出版されている。それらは本

書と問題意識においても叙述のスタイルでもまったく異なる。また，日本ではオスマン帝国史や中央アジア史に関する本はそれなりに出されているが，ユーラシア全体に目をやったトルコ民族史についての本はほとんどないというのが実情である。その意味でこの本は稀少性という点でいくばくかの存在価値をもつのではないかとひそかに自負している。

本書は1996年に講談社新書の一冊として上梓した『トルコ民族主義』（現在絶版）を2006年に改訂増補し，書名をより内容にそうかたちで『トルコ民族の世界史』と改め，慶應義塾大学出版会から刊行したものに，今回さらに手を加え，装を新たにして出版したものである。最初に新書のかたちで刊行してからすでに四半世紀以上が経過し，トルコ民族の世界を取り巻く情勢もずいぶんと変化してきたと思われるので，これを機会に可能なかぎり内容をアップツーデートなものとし，それとともに巻末の「さらに深く知るための文献案内」も大幅に増補した。前回の2006年の改訂の時からトルコ民族史に関わる文献は着実に増えており，できるかぎり落ちがないよう心がけて収録したつもりである。

今回も前回同様，編集3課の近藤幸子さんのお世話になった。丹念な点検，編集のおかげでこのような形で版を重ねることができたことに対し深く感謝したい。

2022年1月23日

坂本　勉

トルコ民族史　略年表

世紀	モンゴル高原・中央アジア	イラン・ザカフカス	アナトリア・バルカン

5

5世紀末
鉄勒

6

552
突厥　モンゴル高原から
カスピ海北方の
草原地帯に居住

7

744
730年代
オルホン碑文
744

回鶻　**トルコ系遊牧民の民族移動**

8

840
9世紀半ば
イスラーム改宗
840

9

カラ・ハン朝　999
サーマーン朝滅亡

ビザンツ帝国　8〜9世紀
イコノクラスム
（聖像破壊運動）

10

1038
1010
『シャー・ナーメ
（王書）』の完成
セルジューク朝

11

12世紀
ナクシュバンディー
教団の誕生

1077
1071
マンジケルトの戦い
ルーム・セルジューク朝

12

1212

1194

13世紀前半
ボスニアで異端の
キリスト教が盛んになる

13

13世紀後半
サファヴィー教団の誕生

1308
1299
13世紀〜14世紀
メヴレヴィー教団
ベクターシュ教団

1370
ティムール帝国

14

15世紀半ば
教団のシーア派化

オスマン帝国　1453
ビザンツ帝国滅亡
ボスニアで
イスラーム化
はじまる

15

15世紀後半
チャガタイ・トルコ語
の改革運動

1501
サファヴィー朝
1507
1501
アゼルバイジャン・
トルコ語

16

16世紀
ナクシュバンディー
教団→ユーラシア、
インドに発展

16世紀
オスマン・
トルコ語、
行政語として
の地位を不動
のものとする

1922

年	モンゴル高原・中央アジア	イラン・ザカフカス	アナトリア・バルカン
1800		1814 ロシアの北アゼルバイジャン征服	**オスマン主義** 1829 ギリシア独立 セルビア自治公国 1839 **タンジマート改革**
1850	1868 ロシアのブハラ・ハン国征服 1873 ロシアのヒヴァ・ハン国征服 1876 ロシアのコーカンド・ハン国征服 トルキスタン総督府 綿栽培が本格化 1880年代〜 **ガスプラルの共通トルコ語運動** **ジャディード （新方式教育運動）**	1850年代 **アゼルバイジャン・トルコ語改革運動 （アーホンドザーデ）** **アゼルバイジャン・ナショナリズム** 1870年代〜 バクーで石油産業勃興 1879 ノーベル兄弟会社 1903 バクーで最初の ゼネスト	**イスラーム主義** 1878 セルビア独立 ブルガリア自治公国
1900	**トルキスタン・ナショナリズム** **ロシア革命** 1917 - 1918 **トルキスタン自治政府** 1924 ソ連邦下の民族共和国 境界画定	1918〜1920 **ミュサーヴァト 党の民族政権**	**パン・トルコ主義** 1908 青年トルコ人革命 1914〜18 第一次世界大戦 1918〜20 アルメニアに民族国家 1919 ギリシア軍のイズミル上陸 1923 トルコ共和国
1950	1991 **ソ連邦崩壊**	1988〜 ナゴルノ＝カラバフ紛争 1992〜93 **アゼルバイジャン 人民戦線内閣**	**アナトリア・ナショナリズム** 1974 キプロス紛争 1984 クルド労働党が 武闘路線に転換 1996 ヨーロッパ連合と 関税同盟 イスラーム政党＝ 福祉党政権 2002 エルドアンの公正 発展党政権

and the Whirling Dervishes, A Dost Publication, Istanbul, 1983

56 ブハラにあるナクシュバンディー教団の聖廟　Elisabeth Özdalga（ed）., *Naqshbandis in Western and Central Asia*, Swedish Research Institute, Istanbul, 1997

57 12人のイマーム　Tarık Müumtaz Sözengil, *Tarih Boyunca, Alevilik*, Çözüm Yayıncılık, İstanbul, 1991

61 帝政ロシアからソ連邦初期にかけて活躍した中央アジア史の碩学バルトリド　Ahmet Temir, op. cit.

第Ⅲ章

66 付図Ⅲ　東方キリスト教世界のトルコ＝イスラーム化　筆者作成

67 アナトリア東部にあるアルメニア教会の廃墟　筆者撮影

67 ギリシア正教徒　Metin And, *Istanbul in the 16th Century: The City, the Palace, Daily Life*, Akbank, Istanbul, 1994

68 イコノクラスム（聖像破壊運動）を描いた写本　モスクワ国立美術館蔵。橋口倫介『中世のコンスタンティノープル』三省堂，1982年

71 遍歴するスーフィー　Metin And, op. cit.

71 メヴレヴィー教団の創始者ルーミー　Mehmed Önder, *Mevlâna and the Mevlâna Museum*, Akşit Culture and Tourism Publication, Istanbul, 1985

71 ベクターシュ教団の描いたアリー一族を表す絵文字　Tarık Mümtaz Sözengil, op. cit.

74 ドリナの橋　筆者撮影

74 『ドリナの橋』〔邦訳版〕　イヴォ・アンドリッチ著・松谷健二訳『ドリナの橋』恒文社，東京，1966年

80 トプカプ宮殿とアヤ・ソフィア寺院　Metin And, op. cit.

82 オスマン・トルコ語の勅令　Can Kerametli, *Galata Mevlevihanesi: Divan Edebiyantı Müzesi*, Türkiye Turing ve Otomobil Kurumu, İstanbul, 1977

第Ⅳ章

88 付図Ⅳ　近現代の中央アジア　宇山智彦『中央アジアの歴史と現在』東洋書店，2000年

90 教育・言語の改革に取り組んだクリミア・タタール出身のガスプラル　Yavuz Akpınar, *İsmail Gaspıralı I.*, Ötüken, İstanbul, 2003

90 帝政ロシアと保守的ウラマーに迫害されるガスプラル（当時の新聞の風刺画）　Ibid.

93 現在のミール・アラブ神学校　ユニフォトプレス

93 近代の中央アジアが生んだ最高の文学者の一人アイニー　Şadr al-Din 'Aynī, *Yāddāshthā*, Enteshārāt-e Āghāh, Tehrān, 1362A. H.

97 言語の面からの民族観をしめしたフィトラト（中央）　Rasim Ekşi ve Erol Cihangir, *Dr. Baymizra Hayit Armağanı*, Turan Kültür Vakfı, İstanbul, 1999

99 チャガタイ・トルコ語でまとめられた民族叙事詩『アルパミシュ』（ディーヴァーイー版）　H. B. Paksoy, *Alpamysh: Central Asian Identity under Russian Rule*, Association of the Advancement of Central Asian Research, Connecticut, 1989

100 フェルガナ盆地における綿の収穫作業　Erdoğan Asliyüce, *Adım Adım Türk Yurt-*

坂本　勉（さかもと　つとむ）

慶應義塾大学名誉教授
専攻：近代イスラーム社会史・経済史，トルコ民族史。
略歴：1945 年生まれ。1969 年慶應義塾大学文学部東洋史専攻卒業。
1975 年慶應義塾大学大学院文学研究科博士課程修了。慶應義塾大学文
学部助手，助教授，教授を経て 2011 年より名誉教授。1976–78 年テヘ
ラン大学・ケンブリッジ大学中東センターに留学，1987–89 年日本学術
振興会西アジア地域センター派遣研究員およびアンカラ大学言語・歴
史・地理学部講師としてトルコに滞在，1999–2000 年ボアジチ大学（イ
スタンブル）文理学部訪問教授。
主要著作：『イスタンブル交易圏とイラン』慶應義塾大学出版会，2015
年，『日中戦争とイスラーム』（編著）慶應義塾大学出版会，2008 年，
『ペルシア絨毯の道』山川出版社，2003 年，『イスラーム巡礼』岩波書
店，2000 年，『イスラーム復興はなるか』（共編著）講談社，1993 年，
『近代日本とトルコ世界』（共編著）勁草書房，1999 年，『井筒俊彦とイ
スラーム』（共編著）慶應義塾大学出版会，2012 年など。

新版　トルコ民族の世界史

2006 年 5 月 8 日　初版第 1 刷発行
2022 年 5 月 18 日　新版第 1 刷発行

著　　者　　坂本　勉
発 行 者　　依田俊之
発 行 所　　慶應義塾大学出版会株式会社
　　　　　　〒 108-8346　東京都港区三田 2-19-30
　　　　　　TEL　［編集部］03-3451-0931
　　　　　　　　　［営業部］03-3451-3584　＜ご注文＞
　　　　　　　　　［　〃　］03-3451-6926
　　　　　　FAX［営業部］03-3451-3122
　　　　　　振替 00190-8-155497
　　　　　　https://www.keio-up.co.jp/
装　　丁　　鈴木　衞
印刷・製本　株式会社イニュニック
カバー印刷　株式会社太平印刷社